COLLECTION
ROLF HEYNE

AXEL & BIBIANA BEHRENDT

DIE SCHÖNSTEN PUBS VON LONDON

WILHELM HEYNE VERLAG
MÜNCHEN

Wir danken der Firma Young & Co.'s Brewery P.L.C., Wandsworth, London SW 18 47 D, für die freundliche Genehmigung zum Abdruck der Bilder auf den Seiten 11, 13, 25, 26.

Schutzumschlag und graphische Gestaltung: Norbert Härtl

Herstellung: Paul Fugmann

Satz: Gloor Satz Repro GmbH, München

Repro, Druck und Bindung: RMO Druck, München

Printed in Germany

ISBN 3-453-05597-7

Inhalt

DAS PUB – EINE INSTITUTION

Inselvölker sind ja immer etwas eigen. Mancher würde sagen: eigensinnig, vielleicht auch eigenartig – eine Frage des Standpunkts. Aus der Sicht eines Inselbewohners bietet das Meer jedenfalls einen ziemlich guten Schutz vor Einflüssen von außen, ja nahezu eine Garantie dafür, daß sich etwas Eigenständiges, oftmals Einzigartiges entwickelt.

Ganz besonders gilt das für die traditionsbewußten Briten. Sicher, auch dort hat sich manches verändert. Die Weltmachtstellung des »British Empire« ist längst Geschichte; die berühmte London Bridge überspannt seit 1968 nicht mehr die Themse, sondern einen Kanal in Lake Havasu City in der Wüste von Arizona; und selbst die rot lackierten Telefonzellen mit ihren Sprossenfenstern verschwinden leider allmählich aus dem Straßenbild.

An manchen Traditionen jedoch wird festgehalten, als seien die Britischen Inseln an ihnen verankert. An der »tea time«. An Orangenmarmelade. Am sprichwörtlichen englischen Humor und dem Hang zum Skurrilen etwa. Ganz zu schweigen von der Monarchie, um nur einige wenige Beispiele für Grundfesten britischen Selbstverständnisses zu nennen. Nicht, daß sie für Veränderungen nicht aufgeschlossen wären, keineswegs. Wetteränderungen etwa gehören zu den zentralen Gesprächsthemen, und gleichzeitig würden es die meisten Briten ziemlich gelassen hinnehmen, wollte man Ober- oder Unterhaus des Parlaments abschaffen. »So what... a lovely day, isn't it?« House of Lords hin, House of Commons her – das Haus, auf das wohl kein Brite freiwillig verzichten würde, ist das »Public House«. Das Pub.

Mögen auf dem Kontinent auch die Grenzen verschwimmen: die italienische Trattoria in Paris, das französische Bistro in München und die Berliner Kneipe in Torremolinos... ein Pub in London bleibt ein Pub in London. Und zwar so, wie man es schon immer kennt und liebt. Auch und besonders dann, wenn es Jahrhunderte auf dem Buckel hat. In manchem Pub fühlt man sich in eine längst vergangene Zeit zurückversetzt, als sei keine Sekunde vergangen, kein Millimeter verändert worden. Unverrückbar wie die Kreidefelsen von Dover. Ein Paradebeispiel dafür ist »Ye Olde Cheshire Cheese«, geradezu ein Monument englischer und speziell Londoner Pubkultur.

Als wir während unserer Recherchen von der Fleet Street in die kleine Passage einbogen, konnten wir es schon von weitem sehen: Das »Cheshire Cheese« hat zu. Geschlossen wegen Renovierung. Für über ein Jahr! Eine grauenhafte Vorstellung, was geschäftstüchtige Leute und ein mittelmäßig begabter Architekt innerhalb von zwölf Monaten anrichten können... Unsere Befürchtung, hier werde der Grundstein für »Cheshire Cheeseburger« gelegt, scheint jedoch unbegründet. Wie wir hörten, werden die Räumlichkeiten zwar aufpoliert und zur Fleet Street hin erweitert, jedoch ganz und gar im 17. Jahrhundert belassen. Originalgetreu, unverändert.

»The House« nennen Insider das »Cheshire Cheese«, Ehrentitel für *das* Pub schlechthin, den Archetypus seiner Art sozusagen. Steile Treppen verbinden die kleinen Räume, von den Kellergewölben bis hinauf in das Restaurant im Obergeschoß. Die schweren Balken der niedrigen Decken prägen die Atmosphäre, rohe in die Wände eingelassene Holzbänke, Sägemehl auf dem Boden, Gemälde auf den dunklen Wandtäfelungen, das große Kaminfeuer im Winter... Stille, gemütliche Winkel für Journalisten der früheren Zeitungsmeile Fleet Street. Ein Hort für Denker und Schriftsteller. Arthur Conan Doyle, William Butler Yeats und Voltaire waren ebenso fasziniert von diesem Ort wie Theodore Roosevelt oder Mark Twain. Und nicht wenige haben das »Cheshire Cheese« in ihren Werken verewigt: Charles Dickens in »A Tale of Two Cities«, Galsworthy in der »Forsyte Saga«, Dr. Johnson schrieb »The Cheese«. Und der Dichter John Davidson schwärmte:

The modern world so stiff and pale
You leave behind you when you please
for long clay pipes and great old ale
And beefsteaks in the Cheshire Cheese

Moderne Welt, so blaß und stier,
ist plötzlich gar nicht mehr so mies
bei einer Pfeif' und gutem Bier
und Beefsteaks hier im Cheshire Cheese

»Ye Olde Cheshire Cheese« bleibt, wie es immer war. Das gilt für die meisten wirklich alten und wirklich schönen Pubs, die heute mehr denn je gehegt und gepflegt werden. Sicherlich, auch an ihnen ist die Zeit nicht spurlos vorübergegangen. Pubs verändern sich, auch das war schon immer so. Viele der Merkmale, die noch heute die »Pubkultur« ausmachen, bildeten sich im 19. Jahrhundert als Reaktion des Establishments auf das Aufkommen der billigen Gin-Schenken für die Arbeiter. Das traditionelle »Public House«, im Laufe seiner jahrtausendealten Geschichte aus römischen Tavernen, Klosterschenken, Posthaltereien und städtischen Kaffeehäusern entstanden, wurde aufpoliert zu einem Treffpunkt der besseren Gesellschaft. Pubs standen zwar weiterhin jedem offen, die diversen Stände wurden jedoch fein säuberlich durch Trennwände auf Distanz gehalten. Bis zu zehn verschiedene Abteile gab es, von der einfachen »Public Bar« bis zur feinen »Saloon Bar«, in der sich die Snobs zusätzlich durch »snob screens« schützten: diskrete Sichtblenden vor anderen Gästen und dem Personal.
Die trennenden Schranken sind längst gefallen. Pubs sind heute ein gemeinsames Kulturgut, das alle verbindet, da oder dort ver-

bliebene Trennwände sind nur noch Reminiszenz. Hier treffen sich Arm und Reich, Alt und Jung, und auch für Frauen ist der Pubbesuch zur Selbstverständlichkeit geworden. Eine erfreuliche Entwicklung, ganz im Gegensatz zu manch anderen Zeiterscheinungen: Die „fruit machines« genannten Spielautomaten haben fast überall Einzug gehalten; ebenso wie »piped music«, die ständige musikalische Hintergrundberieselung.

Das Pubgefühl bleibt dennoch unverwüstlich. Es gibt genügend Typisches, Prägendes. Das Prinzip der Selbstbedienung zum Beispiel. Die Sitte, kein Trinkgeld zu nehmen. Die Gläser ohne Eichstrich, die erst randvoll ein Pint (0,568 l) sind und zwangsläufig immer überschwappen. Die »last bell«, die um 23 Uhr den Feierabend einläutet, begleitet vom ernst zu nehmenden Ruf »Last orders, please«: Auszutrinken ist die letzte Bestellung innerhalb von zwanzig Minuten, so will es das Gesetz. Ebenso unvermeidlich sind auch die Gespräche über die in den letzten Jahren rasant gestiegenen Bierpreise, die übrigens in London die höchsten des Landes sind.

Pubs gehören untrennbar zum Lebensgefühl, zur Kultur Großbritanniens. Die schönsten, interessantesten, witzigsten und zum Teil auch skurrilsten der britischen Hauptstadt: Sie haben Charakter und Persönlichkeit. Sie haben Geschichte erlebt, überdauert oder selbst geschrieben, jedes auf seine ganz eigene Art. Die Londoner leben mit ihnen, in ihnen. Ein Leben ohne den mittäglichen Lunch im Stammpub, ohne das Bier nach Feierabend? Unvorstellbar.

Der Geschichte und den Geschichten dieser Pubs sind wir nachgegangen. Nicht ohne unter die Lupe zu nehmen, was diese Häuser dem Gast von heute zu bieten haben: Biere und andere Getränke, Ambiente und Küche. Von letzterer sollte man keine Weltklasse erwarten – wo wir einen »Stern« vergeben haben, steht lediglich Einfaches zur Auswahl, bei vier »Sternen« kann man von einem

Das »Spread Eagle« (hier ein Foto aus den zwanziger Jahren)

Ales und Bitters gewöhnen müssen, wie es Graham Greene, selbst aus einer Bierbrauerfamilie stammend, in seinem autobiographischen Buch »Eine Art Leben« beschreibt. Das erste Pint erschien ihm abscheulich, das zweite genoß der Schriftsteller »dagegen mit einem Vergnügen, das mich seither nie wieder verlassen hat...«

Daß die britischen Biere dem Ausländer erst einmal geschmackliche Rätsel aufgeben, liegt auch daran, daß die Briten seit Jahrhunderten am obergärigen Bier festhalten, während ganz Kontinentaleuropa im 19. Jahrhundert vorrangig auf die untergärigen Lagerbiere umschwenkte und so die Biergeschmäcker auseinanderdrifteten.

»The Crane« um 1920. Noch heute liefert die gegenüber gelegene Brauerei Youngs ihre »Real Ale«-Fässer donnerstags mit dem Pferdewagen an.

Auch innerhalb Großbritanniens haben sich natürlich im Laufe der Zeit Geschmacksvarianten herausgebildet. Bis zum 16. Jahrhundert kannte man auf der Insel nur das »Ale« – ein durch alkoholische Gärung aus einem Sud von gemälzter Gerste entstandenes, eher süßliches Bier. Im Prinzip das gleiche Grundprodukt dient übrigens heute noch als Basis zur Herstellung des schottischen Malt Whisky.

1558 wurde Elizabeth I Königin von England. Sie ermutigte Händler und Handwerker aus den von Spanien beherrschten Niederlanden und aus Flandern zur Einwanderung. Diesen fleißigen Neubriten ist nicht nur der Aufschwung der Textilindustrie, sondern auch die Einführung eines gehopften Bieres, im Unterschied zum »Ale« im Englischen »Beer« genannt, zu verdanken. Ale und Beer standen lange Zeit gleichberechtigt nebeneinander, bis sich die Herstellungsmethoden zu vermischen begannen. Heute wird nur noch das »Burton Ale«, ein starkes, dunkles Bier aus geröstetem Malz mit langer Lagerzeit, als ungehopftes Bier gebraut. Das India Pale Ale, kurz IPA, ist dagegen ein recht helles, nur leicht gehopftes Bier, während beim Pale-Ale-Typ Wert auf ein ausbalanciertes Hopfen-Malz-Verhältnis gelegt wird. Beliebtestes »Beer« ist das Bitter, ein normalerweise kräftig gehopftes Faßbier, das mittlerweile die britische Hauptsorte stellt.

Allen britischen Bieren gemeinsam war der anspruchsvolle Ausbau im Faß, der erst beim Anzapfen im Pubkeller seinen Abschluß fand. Die Brauereien lieferten das Bier noch auf der Hefe aus, zusätzlich konnte der Besteller eine bestimmte Zugabemenge an Hopfen angeben. Dieses Halbfertigprodukt bekam nun im Pub durch Faßart, Kellertemperatur und Lagerdauer seinen ganz eigenen Charakter, wobei die Qualität von Pub zu Pub je nach Können, Talent und Sorgfalt des »Kellermeisters« stark differierte. Dieses individuelle Bier war sehr empfindlich und litt regelmäßig beim Transport aus dem Keller in die Bar. Die gegen 1770 entwickelten Handpumpen machten das Bewegen der Fässer und das damit verbundene erneute Aufwirbeln der Hefe unnötig. Da sich die in diesem Jahrhundert entwickelten Gaspumpanlagen als Gift für die feine, natürliche Kohlensäure der traditionellen Biere erwiesen hatten, ist das Vorhandensein der dekorativen »Handpumps« im Pub ein wichtiger Hinweis auf die Qualität der dort ausgeschenkten Biere.

In den siebziger Jahren, analog zur Konzentration im Braugewerbe, versuchten die großen Bierketten, die Faßbierherstellung zu konfektionieren. Die überwiegende Zahl der britischen Pubs gehörte den Brauereien und mußte das traditionelle Ale durch das sogenannte »Keg-Beer«, ein fertiges, pasteurisiertes und künstlich mit Kohlensäure versetztes Bier ersetzen. Nur einige kleine Brauereien und die Free Houses, unabhängige Pubs in Privatbesitz, leisteten Widerstand. Zusammen mit der »Consumer's Association« riefen sie 1975 die »Campaign for Real Ale« (CAMRA) ins Leben. Durch Verbraucheraufklärung, Öffentlichkeitsarbeit, aber auch politischen Druck wurde das »Real Ale«, das nach der traditionellen Methode hergestellte Bier, wieder verstärkt verlangt und dadurch gerettet: Die Bierimperien gaben nach.

Um deren Marktmacht zu begrenzen, wurde in den letzten Jahren auch der Gesetzgeber aktiv: 1988 wurde die Zahl brauereieigener Pubs auf 2000 begrenzt, 1990 kam das »Guest Beer«-Gesetz hinzu: Seither hat jedes Pub das Recht, frei gewählte Gastbiere aus dem Angebot der Konkurrenz anzubieten. Ambitionierte, aber nach vorherrschender Meinung von geringem Erfolg beschiedene Maßnahmen: Die großen Brauereiketten haben sich darauf eingestellt – »überzählige« eigene Pubs wurden ohne Aufhebung der Vertriebsbindung verpachtet, »Gastbiere« selbst ein- oder aufgekauft, um die Pubs auch damit zu beliefern. Bei aller Skepsis: immerhin werden mittlerweile in drei Viertel aller britischen Pubs wieder ein oder mehrere Real Ales ausgeschenkt.

Zurück zu den Biersorten. Selten geworden ist das dunkle, nur zart gehopfte Mild. Ursprünglich als Einstiegsbier für Anfänger oder in der Kombination mit Bitter als »Mild 'n' Bitter« beliebt, ist es in den Jahren nach dem Zweiten Weltkrieg zunehmend in Vergessenheit geraten. Die fehlende Nachfrage hat bei vielen Brauereien zur Produktionseinstellung geführt, lediglich auf lokaler Ebene ist dieses süßlich-kräftige, stark malzbetonte Real Ale noch anzutreffen. Oder in den zur Bass/Charrington-Kette gehörenden Pubs, wo das gut ausbalancierte, sanfte »Highgate Mild« mit seinen Röstaromen und der zarten Bitterkeit im Abgang häufig angeboten wird.

Neben den Real Ales, den traditionellen obergärigen Bieren, haben auch die untergärigen Lagers ihre Liebhaber. Außer beliebten Importbieren wie Münchener Löwenbräu, Hamburger Holsten oder

dem belgischen Stella Artois werden auch die britischen Lagers erfolgreich angeboten: Nach vorwiegend deutschen Rezepten von den großen Brauereien gebraut, hören diese Lagers auf so schöne Namensschöpfungen wie »Grünhalle«, »Ayingerbrau« oder »Oktoberfest«.
Gelegentlich wird in englischen Pubs auch das ursprünglich aus Irland stammende Stout angeboten, ein sehr dunkles, starkes Bier aus kräftig geröstetem Malz, dem mitunter Karamel zugesetzt wird. Das bekannteste Stout ist das auch hierzulande beliebte, in Lizenz gebraute »Guinness«, das in Großbritannien auch in der nichtpasteurisierten Version in Flaschen angeboten wird. Faßguinness ist in jedem Falle »Keg-Bier«.
Vereinzelt brauen auch regionale Brauereien noch Stout, wie die West Coast Brewery aus Manchester, Reepham aus Norfolk, Premier aus den Midlands, Linfit aus Yorkshire, Hop Back aus Wiltshire oder die Burton Bridge Brewery aus Burton-upon-Trent.
Die in diesem Buch vorgestellten Londoner Pubs schenken immer auch Real Ales aus. Die nachfolgende Übersicht soll einen ersten Eindruck über in der britischen Metropole weitverbreitete traditionelle Biere geben, wobei sich die Verkostungsnotizen immer auf ein optimal ausgebautes Ergebnis beziehen!

Adnams: in East Anglia am Meer gelegene Brauerei, deren Real Ales in London immer beliebter werden.
Bitter (3,6 vol%): ansprechendes, feingehopftes Einsteigerbitter mit leichten Malz- und Fruchtaromen.

Bass: mit 13 Brauereien größter Bierhersteller Großbritanniens, dessen Real Ales hohe Ansprüche an die Kellerkünste des Pubmanagers stellen, die aber in gutem Zustand mit den individuelleren Ales der kleinen Erzeuger mithalten können.

Draught Bass (4,4 vol%): ein erfrischend fruchtiges Bier mit leicht schwefeligen Malznoten und bittersüßem Abgang.
Charrington IPA (3,6 vol%): ein mildes, leicht fruchtiges Ale, je nach Ausbau süßlich oder bitter mit zartem Malzcharakter.

Fuller's: Londoner Privatbrauerei aus dem Vorort Chiswick, fast 200 Pubs bieten die Real Ales dieser Traditionsbrauerei an.
Chiswick Bitter (3,5 vol%): ein fruchtiges, bernsteinfarbenes Leichtbier mit deutlichem malzigem Hopfenton und langanhaltendem zartbitterem Abgang. Charaktervoller Durstlöscher.
London Pride (4,1 vol%): hochgeschätztes, fruchtiges Bier mit harmonischer Balance aus Malz und Hopfen; malziger Abgang mit leicht süßlicher Note.

Greene King Fine Ales: Regionalbrauerei aus East Anglia, in 750 Pubs als Faßbier erhältlich, leider nur in wenigen als Real Ale, das heißt im Pub selbst ausgebaut und ohne Kohlensäurezusatz.
IPA (3,6 vol%): leichtes Ale mit zartbitterem Abgang, verlangt Geschick beim Ausbalancieren des Hopfengehalts während der Lagerung, damit es im Geschmack nicht langweilig wird.
Rayments BBA (3,6 vol%): leichtes, unaufdringliches Ale, nicht sehr charaktervoll.
Abbot Ale (5 vol%): stark gehopftes Bier mit zurückhaltendem Aroma, aber viel Geschmack.

Ind Cooper: Teil der »Allied«-Brauereikette mit Real Ales, die vor allem in London sehr beliebt sind.
Burton Ale (4,4 vol%): ein harmonisches Ale mit reichem, leicht süßlichem Geschmack und trockenem Abgang.
Benskins Best Bitter (3,5 vol%): sehr leichtes, hopfendominiertes Bitter mit ein wenig Malzaroma zur Abrundung.

Sam Smith: älteste Brauerei in Yorkshire, deren ganze Produktion an Real Ales im Holzfaß ausgebaut wird. Nahezu jedes der etwa 250 Sam Smith's Pubs schenkt auch Real Ale aus.
Old Brewery Bitter (3,8 vol%): malzbetontes Bier, zart mit Hopfentönen abgepuffert, körper- und aromareich.
Museum Ale (5,2 vol%): bernsteinfarbenes, kräftiges Bier mit bitter-süßen, intensiv-malzigen Fruchtnoten.

Tetleys: Bedeutende Yorkshire-Brauerei, die unter den Namen Joshua Tetley und Tetley Walker Real Ales für fast 1500 Pubs braut.
Tetley Bitter (3,6 vol%): hellbraunes, kräftig gehopftes Bier mit leichten Malznoten. Samtiger, trockener Abgang.

Wadworth: solide, traditionell orientierte Brauerei, deren 160 eigene Pubs alle Real Ale ausschenken.
6X (4,3 vol%): das vor allem in Südengland sehr beliebte, körperreiche Bier ist eher malz- und fruchtbetont, mit leichten Hopfennoten im intensiven Abgang.

Youngs: sehr traditionsbewußte Privatbrauerei aus dem Londoner Vorort Wandsworth, die in den siebziger Jahren als einzige an den aufwendigen Real Ales festhielt. Die Biere sind nicht nur in den 150 eigenen Pubs zu finden, sondern werden auch gerne als Gastbiere in anderen Pubs ausgeschenkt.
Best Bitter (3,7 vol%): goldfarbenes Bitter mit sauberem Aroma, charaktervoller Bitterkeit mit fruchtigen Malztönen und intensiver Hopfennote im kräftigen Abgang.
Special (4,8 vol%): ein malziges, körperreiches Bier mit zarten Orangenaromen, einem ausbalancierten Malz-Hopfen-Verhältnis und leicht süßlichem Geschmack, langanhaltender trockener Abgang.

Grand Metropolitan (Watney): Zusammenschluß von vier Brauereien, zu denen seit 1986 die berühmteste Real Ale Brauerei Großbritanniens, Ruddles aus Leicestershire, gehört.
Ruddles Best (3,8 vol%): ein leichtgehopftes, angenehmes Bitter mit strengem, fruchtbetontem Geschmack und einem fast metallischen Abgang.
Ruddles County (5 vol%): kupferfarbenes, rundes Bier mit fruchtigem, leicht süßem Malzgeschmack und langanhaltendem trockenem Abgang.

ES GIBT NICHT NUR BIER IM PUB

Als traditioneller Hort aller Trinkfreunde und Trinkfreuden gibt es in britischen Pubs natürlich nicht nur Bier, sondern nahezu alle erdenklichen anderen Getränke. Sogar ein ebenso historisches wie Bier – Cider, der herbe, goldgelbe Apfelwein. Die von den Angelsachsen vor über tausend Jahren im Südwesten, in Somerset und Devon kultivierten Mostapfelplantagen liefern bis heute die typisch säuerlichen Früchte mit dem süßen Saft, ideal zum Vergären. Der daraus hergestellte Cider zeichnet sich durch ein besonders harmonisches Säure-Restsüße-Verhältnis aus, die Lagerung im Faß festigt die schlanke Struktur zusätzlich. Bis zu 8 vol% können in dem leicht moussierenden Getränk stecken, mehr als doppelt soviel wie beim normalen Bier – also Vorsicht!
Neben dem Apfelwein wird in Großbritannien aus nahezu jeder Obstsorte und vielen Gemüsesäften Wein erzeugt – vom Holunder- über Karotten-, Pflaumen-, Kirschen-, Schlehen- bis hin zum Eichenblätterwein. In den Pubs sind diese Auswüchse zum Glück nur selten zu bekommen. Hier gibt es allenfalls einmal einen milden, runden Johannisbeer- oder Himbeerwein, mit dem aber auch nicht immer gut Kirschen essen ist.

Wein kommt in den britischen Lokalen nur selten aus den kleinen Weingütern in Kent oder Sussex, der Hauptanteil wird aus Frankreich bezogen. Neben häufig ungenießbaren Hausweinen ist glasweise nur ein Muscadet de Sèvre-et-Maine von der Loire zu bekommen, alle anderen Weine müssen flaschenweise geordert werden. Aus Deutschland ist nur die unsäglich süße, von den meisten Briten hochgeschätzte »Liebfraumilch« gängig, ein Billigprodukt mit hohem Süßreserveanteil, von der Mosel oder aus Rheinhessen.
Der früher auch in Pubs beliebte Portwein ist in guten Qualitäten kaum mehr anzutreffen. »Die Nachfrage fehlt heutzutage«, wie Mark Dorber, Kellermeister im Weinpub »White Horse« in Parsons Green, bedauernd feststellt. Gute Erfahrungen hat man in diesem engagierten Pub aber mit Weinverkostungen und -empfehlungen gemacht. »Wir bieten regelmäßig auch ausgefallene Weine glasweise an und erläutern die Herkunft und den Charakter. Das kommt an. Aber wenn sich ein Pub nicht besondere Mühe gibt, dann wird auch wenig Wein bestellt. Die Briten sind eben keine Weintrinker.«
Auch Cocktails werden kaum verlangt. Ausnahmen sind im Theaterbezirk von Covent Garden zu finden, wo gerne mal ein Mixdrink vor der Vorstellung genossen wird. Ansonsten begnügen sich die Pubgäste mit Bloody Mary, Gin Tonic, Wodka Orange und anderen einfach herzustellenden Longdrinks.
Da greift man schon eher mal zu einem Whisky, wobei Scotch dominiert. Mit dem weltweiten Trend wächst auch die Zahl der angebotenen Single Malt Whiskys, und manche Pubs haben schon eine recht beachtliche Auswahl.
Vom harten Whisky zum Softdrink: Nichtalkoholische Getränke sind in einer breiten Palette vorhanden. Von A wie Apfelsaft über Ginger Ale, meist mehrere Mineralwässer, Tonic und Konsorten bis Z wie Zitronensaft, oft auch in »slim-line«- oder »light«-Versionen.

separaten Restaurantteil und einer Küche mit hohen Ansprüchen ausgehen, die auch – meist – erfüllt werden... Im Glanz strahlen dagegen die Ambiente-»Sterne«: vier davon versprechen ein authentisches Bilderbuchdekor, und selbst die schlichteren Pubs in unserer Auswahl sind sehenswert.

Wir wünschen Ihnen eine vergnügliche Reise durch die schönsten Pubs von London!

ENGLISCHE BIERE

Oxford Circus in London an einem sommerlichen Nachmittag: leicht indigniert hört ein wohlmeinender Engländer seinen deutschen Gästen zu, die er in die opulente Pracht des historischen »Argyll Arms« geführt hat: weder das Wadworth 6X noch das leichtere Adnam's Bitter findet Gefallen. Als »lauwarme Spülbrühe« werden die erstklassig ausgebauten, mit zwölf Grad perfekt kellerkühlen britischen Traditionsbiere belächelt, bevor die Touristen zu einem Pint Münchener Löwenbräu überwechseln.

Fassungslos schüttelt ihr Gastgeber den Kopf, hatte er doch alle Deutschen für die Bierkenner gehalten, als die sie weltweit gelten. Und nun konnten sie die Feinheit der ihnen präsentierten Faßbiere nicht schätzen, die nur sanft perlende Kohlensäure, die raffinierte Balance zwischen Hopfen und Malz, die dezente Bittersüße... Eigenschaften, die nicht nur der britische »Bierpapst« Michael Jackson mit denen der großen Bordeaux' vergleicht: »Beide zeichnen sich durch eine feine Farbe aus, weisen frische Fruchtigkeit, eine Spur von Süße und als Gegengewicht eine Spur von Trockenheit auf und manchmal sogar einen ganz verhaltenen Eichengeschmack.« (Michael Jackson, »Bier«, Hallwag Verlag Bern und Stuttgart 1987). Dabei vergißt unser bestürzter Bierliebhaber ganz, daß selbst Briten sich erst an den Geschmack ihrer

DIE KÜCHE GROSSBRITANNIENS

Der Ruf der britischen Küche ist nach wie vor schlecht. Mit Grausen stellt sich der künftige Großbritannientourist das sattsam bekannte Horrorszenario vor: Berge an lauwarmem, blutigem Fleisch, salzlos zerkochtes Gemüse, ertränkt in einem undefinierbaren, mehlig-geschmacklosen Saucenabklatsch namens »Gravy«. Sicher, Großbritannien gehört nicht gerade zu den kulinarisch führenden Nationen, und daran wird sich wohl auch kaum etwas ändern. Dennoch ist die Küche Großbritanniens besser als ihr Ruf. Die Grundprodukte für eine ansprechende, moderne Frischküche sind in Hülle und Fülle vorhanden, und inzwischen auch das Know-how. Ein Blick in die Geschichte zeigt sogar ein paar französische Wurzeln.

Aus Paris kam 1816 der aufstrebende Küchenchef Antonin Carême nach London. Als Koch des Prinzregenten blieb er zwar nur acht Monate bei Hofe, in dieser Zeit gab er der britischen Küche jedoch entscheidende Impulse. Ein Menü der damaligen Zeit bestand aus Suppe, Fischgang, Vorspeise, Braten, Gemüse und Dessert. Bei jedem Gang wurden den Gästen Alternativen geboten. Die englische Küche bekam nun Vielfalt, die Briten lernten, aus Braten, Geflügel und Wild mehr zu machen als simple Hausmannskost. Überwürzte Speisen und fade Fleischsaucen waren out, die klassischen Fonds und Grundsaucen kamen in Mode. Auch das heute so beliebte Trio von dreierlei Edelfischen geht auf Carêmes Londoner Zeit zurück und findet sich seither immer wieder auf den Speisekarten der Londoner. Und noch eine bis heute hoch im Kurs stehende kulinarische Novität brachte Carême nach England mit: den »Gâteau«, ein cremegefüllter Kuchen mit kunstvoller Verzierung, der auf dem Dessertwagen nicht fehlen darf. Carêmes Rezepte überdauerten seine kurze Zeit in Großbritannien, seine Kochbücher haben die gehobene Küche des Landes bis heute beeinflußt. Nach Antonin Carême zog es einen weiteren »Vater der Haute Cuisine« nach London – Georges Escoffier. Sein Prinzip war die »geschmackvolle Einfachheit« – den Londonern leuchtete das ein. 1889 war Escoffier auf Bitten von Cesar Ritz in die britische Hauptstadt gekommen, als Küchenchef des neuen »Savoy Hotel«. Hier traf sich die gesellschaftliche Creme zum Dinner: Sarah Bernhardt speiste hier ebenso gern wie Lily Langtry, Herzdame des damaligen Königs, Edward VII; der Prince of Wales gab kleine Abendgesellschaften, und Nellie Melba sang. Ihr zu Ehren schuf Escoffier den unsterblichen »Pêche Melba«, ein Pfirsich mit Vanilleeis, überzogen mit Himbeerpüree. Bis 1919 blieb Escoffier in London und revolutionierte die damalige Gastronomie.

Es gab jedoch nicht nur französische Einflüsse, sondern auch solche aus den Kolonien, aus den Ländern des Commonwealth, aus der Neuen Welt. Die Summe: eine eigenständige, landestypische Küchentradition. Mit wachsendem Gesundheitsbewußtsein hat sich in den letzten Jahren erneut vieles verändert – Körperkultur, Sport, vor allem aber natürliche Ernährung haben heute in ganz Großbritannien hohen Stellenwert. Das Land der »Beefeaters«, der Rindfleischesser: ein Mekka der Vegetarier.

Biowelle und Traditionsbewußtsein gehen oft Hand in Hand: Seit einigen Jahren nehmen auch junge, aufstrebende Spitzenköche die Herausforderungen der kulinarischen Vergangenheit an. Die Kochmethoden der »Nouvelle Cuisine« dienen als Grundlage für das Modernisieren der angestammten Rezepte. Vergleichbar der Entwicklung der »Neuen deutschen Küche« werden die besten heimischen Produkte besorgt, Großmutters Kochbücher gewälzt, wird alten Traditionen nachgeforscht und Vergessenes wieder aktuell.

Die britische Küche hat ihre eigenständigen Traditionen und mehr hochqualifizierte Köche denn je, die sich darum kümmern; auch auf der Insel gibt es einen wachsenden Trend zu qualitativ hochwertigen, einheimischen und frischen Produkten, mit denen heute bewußter und sorgfältiger umgegangen wird als noch vor zehn Jahren. Natürlich bemüht sich nicht jeder Koch, jedes Restaurant, jede Pubküche um bestmögliche Ergebnisse, wird an manchen Orten weiterhin lieblos und gelangweilt gekocht, werden Chancen für Genießer vertan. Insgesamt bestehen jedoch immer größere Möglichkeiten, gut und preiswert zu essen. Und überraschende Entdeckungen sind zu machen, auch und gerade in Pubs!

ESSEN IM PUB

Die traditionelle, wahrhaft britische Küche ist in Großbritannien scheinbar schwer zu finden. Der aktuelle, sehr umfangreiche Restaurantführer des Londoner Stadtmagazins »Time Out« nennt insgesamt über 1700 mehr oder weniger empfehlenswerte Lokale im Stadtgebiet. Lediglich 33 davon sind »traditionell britisch« – um überhaupt auf diese Zahl zu kommen, wurden selbst die beiden Restaurants im Delikatessengeschäft von »Fortnum & Mason's«, die Grill Rooms in den Hotels »Dorchester« und »Ritz« und das Restaurant der Tate Gallery mitgezählt. So gesehen scheinen die Briten nicht allzuviel von ihrer ureigenen Küchentradition zu halten. Zum Teil liegt das sicher daran, daß die große Schar der in Internaten oder Ganztagsschulen erzogenen und abgefütterten Briten bestenfalls sentimentale, aber selten genießerische Gedanken mit »der englischen Küche« verbindet. Und doch haben sich die nicht selten jahrhundertealten Gewohnheiten in erstaunlichem Maße in der Gesellschaft erhalten, wie sich unschwer an jedem Werktag zur Lunchzeit beobachten läßt. Denn dann strömt ganz Großbritannien ins Pub und ißt – na was wohl? – traditionelle britische Küche!

»Die Grundlagen der englischen Küche sind Rinder-, Lamm- und Hammelbraten, in Salzwasser gekochtes Fleisch, wie man es sonst nur vom Fisch oder Gemüse kennt. Marmeladen, Puddinge im Überfluß, Huhn und Truthahn mit Blumenkohl, Salzfleisch, Landschinken, immergleiche Ragouts – das ist die Summe der englischen Kochkunst«, klagte Antonin Carême, kurz bevor er das Land wieder verließ. Doch sein Einfluß und der seiner zahlreichen, engagierten Nachfolger wirken jedoch bis heute nach. Zwar lieben die Briten immer noch Pies und Ragouts, essen Salzfleisch und Schinken, sind traditionsbewußt wie eh und je. Aber die Küchenmethoden haben sich verfeinert, die überlieferten Rezepte wurden modernisiert und der heutigen Zeit angepaßt.

»Pub Grub« und »Savouries«

»Pub Grub«, also »Pub-Futter« oder »-Fraß«, nennen die Stammgäste eines Public House liebevoll-abschätzig die Sandwiches, Käseteller und Salatplatten mit Fleisch, die in jedem, selbst dem einfachsten Pub zu haben sind. Etwas aufwendigere »Savouries«, also »wohlschmeckende Kleinigkeiten«, beispielsweise Schottische Eier oder ein Omelett, werden schon freundlicher beäugt, auch wenn im Niveau meist kein großer Unterschied besteht. Pubs, in denen es ausschließlich »Pub Grub«, also kalte Küche gibt, sind selten.

Eine strenge Trennung zwischen Kleinigkeiten und kompletten Menüs findet man meist in Pubs, die sich nicht nur um eine anspruchsvollere Karte bemühen, sondern auch über ein separates, elegantes Restaurant verfügen. Ein gutes Beispiel dafür ist das »Ye Olde Dr Butler's Head« in der City. Dort bietet ein Foodbuffet in der »Schenke« im Erdgeschoß nur eine kleine Auswahl an kalten Speisen; wer richtig lunchen möchte, hat im schön eingedeckten Tudor-Restaurant dazu Gelegenheit. Daß beides nebeneinander funktioniert, gehört zu den Eigentümlichkeiten der englischen Pubs.

Die Angelsachsen lunchten Brot mit Käse – viel hat sich in den letzten 1500 Jahren an dieser Vorliebe nicht geändert. Der »Ploughman's«, der Bauernlunch, gehört heute noch zu den beliebtesten Mittagessen. Ein Teller mit Käse der gewünschten Sorte, Butter, Brot, dazu Gürkchen und Ploughman's Pickle – fertig. Wobei manche Pubs bis zu fünfzehn verschiedene Käsesorten vorhalten und die süß-sauer gepickelte Beigabe (laut Deklaration eine der Standardsorten) aus Essig, Zucker, Blumenkohl, Karotten, Steckrüben, Zwiebeln, Äpfeln, Stärke, Sirup, Salz, Zitronensaft, Sultaninen, Karamel, Säure und Gewürzen besteht. Käseliebhaber sollten unbedingt den Ploughman's im »Lamb & Flag« in Covent Garden probieren, der einen guten Überblick über die regionale und geschmackliche Vielfalt der britischen Käse vermittelt.

Historische Aufnahme des »Flask« in Hampstead, schon immer für gute Küche bekannt: Der Eckraum hieß früher »Oyster Bar«.

Daß zum Ploughman's nicht nur ein Ale, sondern auch ein Glas Bordeaux paßt, wissen die einstigen Lehnsherren des Bordelais sehr genau. Viele Pubs bieten deshalb einen vernünftigen Rotwein zur Käseplatte an – fragen Sie danach!

Das einfachste, bequemste Mittagessen sind belegte Brote – die Briten haben aus dieser Erkenntnis eine regelrechte Philosophie gemacht. Dabei waren die »Sandwiches« ursprünglich als abendlicher Snack erfunden worden. Seine Lordschaft, der Earl of Sandwich, war bei einer Kartenpartie anno 1716 so auf seine Glückssträhne konzentriert, daß er keine Zeit vertun wollte. Also befahl er, ein wenig kalten Braten zwischen zwei Scheiben Weißbrot zu legen, die Schnitten mundgerecht zu zerteilen und zu servieren.

Glaubt man den alten Anekdoten, dann war sein Gegenspieler, der Herzog von Argyll, von diesem kulinarischen Novum so fasziniert, daß er die nächsten Spiele glatt verlor. Und doch Gewinn aus dem Vorfall zog – sein Pub, das »Argyll Arms« am Oxford Circus, macht seit damals gute Geschäfte mit den »Sandwiches«.
Die Konkurrenz zog nach, wobei sich die Bandbreite seither enorm vergrößert hat: Truthahnbrust, Kernschinken, Knoblauchwurst, Thunfisch, Käse, Räucherlachs, Zunge, Roastbeef, Salami, Eiermayonnaise, Krabben sind die einfachen; Schinken und Käse, Käse mit Tomaten oder Lachs mit Frischkäse, Truthahn mit Preiselbeergelee sind schon etwas aufwendigere Varianten. Mittlerweile kursieren auch Zusammenstellungen, die der indischen oder chinesischen Küche abgeschaut wurden: Tandoori-Huhn-Sandwiches oder

»The Ship« in den zwanziger Jahren. Heute ist das Pub an der Themse vor allem im Sommer einen Ausflug wert – zu Barbecue und zum traditionellen »Sunday roast«.

süß-saures Hühnersandwich mit Chinakohl sind besser, als es zuerst klingt. In jedem Fall sollte man aber das warme »Salt Beef Sandwich« probieren. Saftiges, leicht mit Coleman's Senf bestrichenes, mit dünnen Scheiben intensiv duftenden, mageren Salzschinkens dick, sehr dick belegtes Mehrkornbrot. Wohl die besten Vertreter ihrer Art in ganz London entdeckten wir in den Schwesterpubs »Duke of Wellington« und »Windsor Castle« in Marylebone.

Nicht mehr aus den Pubs wegzudenken sind auch Quiches. Die Auswahl ist groß, alle möglichen Varianten werden saisonal durchgespielt, mitunter ist auch Fleisch oder Fisch im Spiel. Meist jedoch bildet die Quiche eine kulinarisch befriedigende Menüalternative für Vegetarier. Standardbeilage ist ein Salatteller, der neben Blattsalaten meist auch Kartoffel- und Nudelsalate enthält. Besonders groß ist die Quiche-Auswahl zur Mittagszeit im »Chandos« in Covent Garden, hier kommt der Vorteil hinzu, daß man sich den Salat selbst am Buffet zusammenstellen kann. Ein großer Vorzug, denn Salatliebhaber kommen in den meisten Pubs nicht auf ihre Kosten. »Salad« kann vom Chicorée über in Mayonnaise ersoffene Dosengemüse bis hin zum eher exotisch abgeschmeckten Fischsalat praktisch alles sein. Eine Wahlmöglichkeit besteht so gut wie nie, Salatdressing ist nahezu unbekannt. Statt einer wie auch immer zubereiteten Vinaigrette steht »Salad Cream« bereit; diese geschmacklose Mayonnaisemischung wird zwar, laut Aufschrift, angeblich auch von der Königin verwendet, ist aber nichtsdestotrotz eine überflüssige Kalorienbombe. Bevor man dazu greift, sollte man sich auf Tomaten und Gurken »natur« beschränken, die, wenn aus englischer Produktion, auch ohne jedes Dressing einen wunderbar intensiven Geschmack besitzen.

Kommt man als Deutscher in einen britischen Metzgerladen, ist man zuerst enttäuscht. Zwei Sorten Schinken, etwas Zunge, Leberwurst, zwei Sorten Aufschnitt, wenn überhaupt. Nur ein Bereich bietet eine bestechende Vielfalt: die englischen Bratwürste sind für ihre Vielfalt berühmt. Ob man sich für Paprika- oder Knoblauchbratwurst entscheidet, eine mit Guinness oder englischem Porter zubereitete Wurst möchte, lieber Rinds-, Geflügel-, Wildschwein- oder Rehbratwurst bevorzugt – kein Problem. Auch in den englischen Pubs gehören »sausages« zu den beliebtesten warmen Speisen. Klassisch werden sie mit Kartoffelpüree und »baked beans«, in aller Regel viel zu süßen Bohnen in Tomatensauce, serviert. Interessant für alle Liebhaber des englischen Biers sind die »house sausages«, speziell für das Pub unter Verwendung der dort ausgeschenkten Biere hergestellt. Zum Beispiel für das »Nags Head« in Belgravia, dessen »Burton Ale Sausages« ausschließlich aus »82 Prozent britischem Schweinefleisch, Real Ale, Vollwertzwieback, Meersalz, Kräutern und Gewürzen hergestellt sind – ohne Farb- und Konservierungsstoffe oder ähnlichen ›rubbish‹«, wie die aushängende Garantieurkunde versichert!

Traditionelle englische Küche in Pubs

Der Stolz eines gut geführten Pubs sind jedoch die »specials of the day« – die warmen, täglich wechselnden Hauptgerichte, zu denen meistens eine Tagessuppe und ein Dessert angeboten wird. Diese Gerichte müssen Anforderungen erfüllen wie in Haushalten früherer Jahrhunderte: Die Zutaten müssen erschwinglich, die Zubereitung darf nicht übermäßig aufwendig sein; die fertigen Mahlzeiten sollten gut warm zu halten sein oder einfach gewärmt werden können. Das durch die lange Mittagszeit nötige stundenlange Warmhalten aber hielt kein Gericht ohne Qualitätsverlust aus. Die Pubküche galt deshalb immer als schlechter als die der Restaurants. Das Aufkommen moderner Küchentechnik, insbesondere der Mikrowelle, hat das Niveau der Tagesgerichte gehoben.

Spezialität unter den Spezialitäten und für Briten Maß aller Dinge ist, wie könnte es anders sein, das »Steak & Kidney Pie«. In nahezu jedem Pub steht dieses beliebteste aller Pies mindestens einmal pro Woche auf der schwarzen Tafel. Rindfleisch, mit Zwiebeln angeschwitzt, angedünstete Nierenstückchen, in cremiger Sauce geschmort und mit einem Teigdeckel im Ofen überbacken – das Standardgericht der britischen Küche. Kaum eine Hausfrau macht sich heute noch die Mühe, warum auch? Es gibt ihn schließlich in

Dosen, als Tiefkühlgericht oder eben im Pub. Und da mit geradezu beeindruckender Feinheit, wie er etwa im »Flask« in Highgate serviert wird – frisch aus dem Ofen, die Fleischstückchen butterzart in intensiver Sauce, die Nieren gut gewässert, der Blätterteig hoch aufgegangen und kein bißchen durchweicht.

Neben den mit Teig überdeckelten Pies, die in allen denkbaren Varianten – etwa Truthahn mit Pilzen, Schweinefleisch mit Äpfeln oder Huhn mit Aprikosen – zubereitet werden, gibt es häufig auch die »von Hand aufgebauten« Pies, den französischen Pasteten vergleichbar. Dabei werden Kasten- oder Rundformen mit Teig ausgekleidet, mit einer gut gewürzten Fleischmousse gefüllt, mit Teig bedeckt, stundenlang im Ofen gegart und schließlich warm oder kalt mit Salat und Gemüse serviert.

Ganz typisch für die Pubküche sind aber auch Stews und Schmortöpfe, Ragouts und Aufläufe. Während die meisten Restaurants nur die teuren Teile von Lamm oder Rind einkaufen, sich nur für Filet und Keulen interessieren, kann der Pubmanager beim Metzger gute Preise für die idealen Schmorstücke und Innereien aushandeln und so seine günstigen Preise für das warme Mittagessen halten.

Das Grundrezept der Schmorgerichte ist einfach: das Fleisch wird kräftig mit Zwiebeln angebraten, mit Kräutern gewürzt, dann mit Brühe und Wein, Bier oder Apfelwein aufgegossen und geduldig zartgeschmort. Lamm in Apfelweinsauce oder Koteletts in Biersauce sind beliebte Beispiele, von denen unzählige Varianten existieren und täglich angeboten werden. Geschmorte Nieren sind in englischen Pubs ein Risiko: Die Briten bevorzugen den typischen »haut gout«, der in Deutschland gründlich ausgewässert wird. Zu den Schmortöpfen werden meistens zwei Sorten Gemüse nach Wahl sowie Kartoffeln angeboten; Backofenkartoffeln, Pommes frites oder Pellkartoffeln stehen dabei normalerweise zur Wahl.

Traditionell auch der mitunter angebotene »Lancashire Hot Pot«, der eine komplette Mahlzeit mit Fleisch, Pilzen und Kartoffeln darstellt. Sehr beliebt auch Shepherd's oder Cottage Pie, eine Kombination von in Rotwein geschmortem Hackfleisch und Pilzen, mit Kartoffelpüree gratiniert. Und natürlich dürfen die Fishpies oder Fishpuddings nicht vergessen werden: eine feingewürzte Fischmousse, im Wasserbad gegart und meist mit Sauce Hollandaise und Kartoffeln serviert.

Das Land der Schmortöpfe und Gemüsegärten hat natürlich auch köstliche Suppenrezepte zu bieten: eine gute Fleischbrühe als Grundlage, ein wenig Gemüse, frische Kräuter – normalerweise ist die Tagessuppe durchaus empfehlenswert. Engagierte Köche kombinieren mit großem Erfolg Gemüse mit Käse und Sahne oder würzen die althergebrachten Gemüsecremes auf neue, originelle Weise.

Das britische Empire hat auch in den Pubs seine Spuren hinterlassen: indische Currys und – seit neuestem – ein mit Koriander gewürztes Hühnerragout auf Safranreis namens »Chicken Tikka Masala« sind kaum noch wegzudenken. Daneben gehören Lasagne und Pastagerichte zu den absoluten Rennern unter den »specials«, gelegentlich um amerikanisch-texanische Hauptgänge wie gefüllte Tortillas, Hühnerflügel mit Grillsauce und die unvermeidlichen Hamburger erweitert.

Pubrestaurants

Pubrestaurants setzen vom Niveau her an, wo »Bar Food« aufhört. Bedienung ist hier selbstverständlich, die Tische sind ansprechend eingedeckt. Die bestellten Gerichte werden frisch zubereitet, sind aber dennoch im Normalfall einfach und schnell zu machen. Im Vorspeisenbereich haben sich schottischer Räucherlachs, eine Wildpastete mit Preiselbeersauce und fritierte Champignons mit

Knoblauchsauce als Standards durchgesetzt. Danach sind Steaks in allen Varianten, Lammfilet, Entenbrust und pochierter Lachs fast immer zu bekommen. Immer häufiger glänzen die Pubs aber auch mit altenglischen Festtagsgerichten: rosarotes Roastbeef mit Yorkshirepudding und Meerrettichsauce, gefüllte Dover-Seezunge, Orkney-Austern oder knusprig gegrillte Aylesbury-Ente mit der herrlichen Zwiebel-Salbei-Füllung. Ein Versuch lohnt sich – die Chancen, einen echten Genuß zu erleben, sind in London zwar geringer als bei einem Gasthof auf dem Lande, aber zweifellos vorhanden. Was man in jedem Fall erwarten kann: eine bodenständige Hausmannsküche zu reellen Preisen.

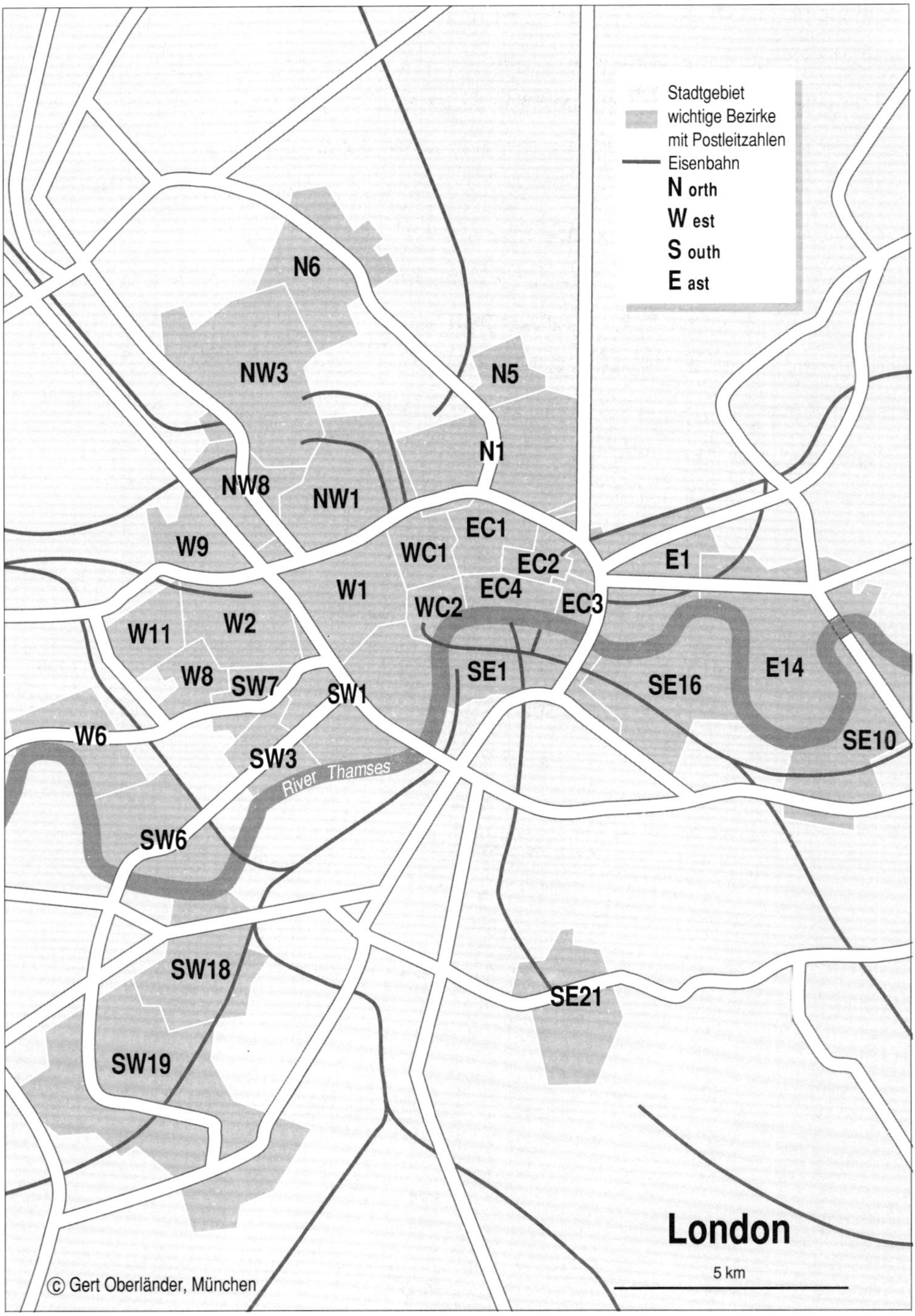

WC2	Covent Garden	EC4	City of London	SW7	South Kensington	W6	Hammersmith	NW1	Camden Town	E1	East End
WC1	Bloomsbury	SE1	Southwark	SW3	Chelsea	W8	Kensington	NW3	Hampstead	E14	Limehouse
EC2	City of London	SW1	Belgravia	SW6	Fulham	W9	Maida Vale	N6	Highgate	SE16	Rotherhithe
EC3	City of London	W1	West End	SW18	Wandsworth	NW8	St. John´s Wood	N1	Islington		

LAMB & FLAG

33 Rose Street (Zugang von der Garrick Street)

Covent Garden

WC 2

(U Leicester Square oder Covent Garden)

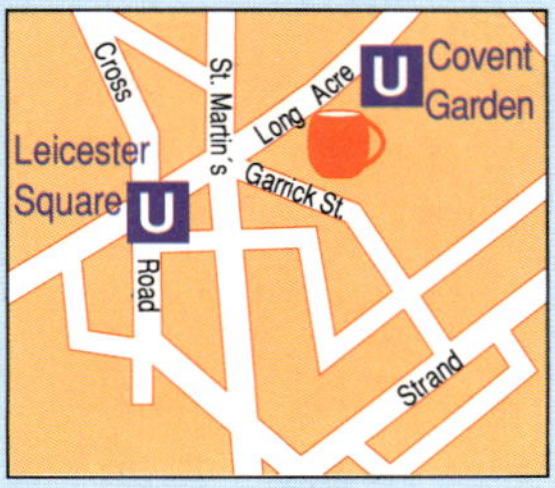

Öffnungszeiten

Mo–Sa

11.00–23.00 Uhr

So

12.00–15.00 Uhr

19.00–22.30 Uhr

Lunch täglich

12.00 bis 14.30 Uhr

Dinner täglich

17.30 bis 22.00 Uhr

Ambiente

★ ★ ★

Küche

★ ★

Unsere Reise durch die historischen Pubs Londons beginnt im Herzen der Hauptstadt und mitten in der »guten alten Zeit« des Königreichs: die letzten Jahrzehnte der Regierung von Elizabeth I Tudor (1558–1603) hatten England Frieden und Wohlstand beschert und recht freizügige Gesetze, was die Lizensierung von Public Houses anging. Davon profitierte nicht zuletzt das »Lamb & Flag«. Im Zentrum des damaligen Lebensmittelhandels und damit im Zentrum städtischer Aktivität gelegen, entwickelte sich das schmale Backsteingebäude (übrigens das älteste noch existierende Public House aus der Tudorzeit) bald von einem Gasthaus der Metzger, Bäcker und Blumenhändler zum Treffpunkt abenteuerlustiger Herren der besten Gesellschaft, die hier recht unstandesgemäßen Vergnügungen nachgingen.

Zum Gedenken an einen Denkzettel

Daß das Labyrinth aus schmalen Gassen rund um Covent Garden nicht unbedingt Schutz vor des Herrschers Augen und Ohren bot, bekam 1679 der Dichter John Dryden zu spüren. Er war nicht nur der stilistisch brillante Kritiker und gefeierte Dramatiker solcher Stücke wie »All for Love, or the World Well Lost«, der beliebte Dichter schrieb auch gern mit spitzer, recht satirischer Feder. Etwa die formvollendeten, bissigen Verssatiren über die schöne Louise de Keroualle, offizielle Geliebte des Königs Charles II, die dem Monarchen und seiner Dame zu Ohren kamen – ein enger Freund der beiden, der Earl of Rochester, bekam den Auftrag, einzuschreiten: Eines Abends wartete eine Reihe gutbewaffneter Diener des Grafen im engen, düsteren Durchgang neben dem »Lamb & Flag« auf den dreisten Spötter. Dryden überlebte knapp und soll nie mehr auch nur ein Wort über des Königs Damen verloren haben... Eine Plakette am Eingang erinnert an diesen Zwischenfall.

Tudorzeit in einer stillen Seitengasse

Lunchtime an der Bar

So prädestiniert für handfeste Angelegenheiten, war es kein Wunder, daß junge, adelige Heißsporne – nach dem britischen Sieg über Napoleon bei Waterloo – genau hier ein neues Betätigungsfeld fanden: den Boxsport. Allerdings ohne die heute üblichen Handschuhe. Zwangsläufig blieben die Faustkämpfe der Herrschaften und ihrer bezahlten Gladiatoren nicht ohne entsprechende Blessuren, ja das Blut muß in Strömen geflossen sein – so daß das Pub kurzfristig sogar in »Bucket of Blood« (Eimer voll Blut) umbenannt wurde.

Nach dieser Episode sorgte dann, bis zum Anfang dieses Jahrhunderts, die Prostituiertenszene rund um den Blumenmarkt Covent Garden für den schlechten Ruf des historischen Gasthofes, der – dennoch oder gerade deshalb – speziell den Richtern und Rechtsgelehrten des benachbarten Middle Temple so manchen Nervenkitzel verhieß, wenn man Charles Dickens glauben will.

»Dryden Room«: das Restaurant im Obergeschoß

In der Atmosphäre der kleinen, niedrigen Räume klingt die bewegte Geschichte dieses denkmalgeschützten Hauses heute noch nach. Vielleicht ist das der Grund, daß das »Lamb & Flag« zur Lunchzeit, vor allem aber abends, meist brechend voll ist. In der warmen Jahreszeit schwappt der Strom der Gäste weit hinaus, oft bis an die Garrick Street.

Bekannt ist dieses Haus aber auch dank seiner kulinarischen Meriten. Der »Dryden Room« im Obergeschoß, Schauplatz so vieler blutiger Kämpfe und wilder Gelage, präsentiert sich heute als ruhiger Restaurantraum, in dem traditionelle Gerichte nach den jahreszeitlichen Gegebenheiten serviert werden. Lauch-Kartoffelsuppe, Lancashire Hot Pot, Roastbeef mit Erbsen oder Gewürzhähnchen sind Beispiele dafür. In ganz Großbritannien bekannt wurde das »Lamb & Flag« aber durch seine Käseauswahl: Blue Brie, Blue Shropshire, Double Gloucester, Caerphilly, Cheddar, Coachman, Red Leicester, Huntsman, Whirl oder Stilton sind nur einige der gepflegten Käsesorten, die mittags Scharen von Liebhabern zum »Ploughman's Lunch« in dieses authentische Pub ziehen.

THE GEORGE

2/3 Strand

Aldwych

WC 2

(U Temple oder Aldwych)

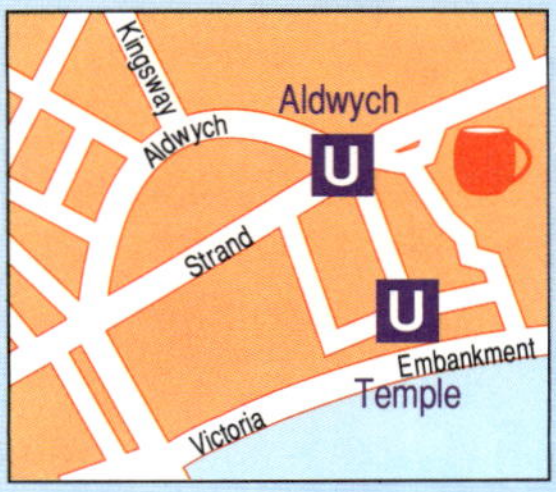

Öffnungszeiten

Mo–Mi

11.00–21.00 Uhr

Do/Fr

11.00–23.00 Uhr

Sa

11.00–18.00 Uhr

So

geschlossen

Lunch täglich

bis 14.30 Uhr

Dinner täglich

17.30 bis 21.00 Uhr

Ambiente

★ ★ ★

Küche

★ ★

Nichts wechselt so schnell wie die Mode und die Treffpunkte kritischer Geister.« Diesem Stoßseufzer eines königlichen Geheimpolizisten konnte sich der wakkere Wirt Arthur George nicht anschließen! Sein Public House & Coffeeroom war seit der Lizensierung im Jahre 1723 über Jahrzehnte Stammlokal einiger »Diskussionsclubs«, in denen junge, gebildete Dandys gemeinsam satirische Pamphlete bei Bier und Portwein zu verfassen pflegten. Hoch ging es damals her in der langgestreckten Fachwerkbar; mit Schnitzereien reich verzierte Alkoven und Erker boten genügend Schutz vor neugierigen Ohren, um selbst riskante Pläne zur Finanzierung oppositioneller Arbeit zu schmieden. Ein diskreter Hinterausgang bot im Fall der Fälle schnelle Fluchtmöglichkeiten in die engen Gassen des mittelalterlichen Gerichtsbezirks.

Kaffeehausstimmung hinter Tudor-Fachwerk

Die sorgfältige Restaurierung des imposanten Tudor-Fachwerkhauses mit einer der schönsten Fassaden Londons und seiner Regency-Ausstattung hat das »George« heute zum Treffpunkt eher staatstragender Intellektueller werden lassen – in der weiten Halle treffen sich Richter und Anwälte der umliegenden Gerichtshöfe. Trotz der immer noch vorhandenen Kaffeehausatmosphäre doch lieber auf ein Pint »Charrington« oder »Bass« und einen schnellen Lunch.

Gemütlicher speist es sich im geräumigen Restaurant im ersten Stock, von dessen Sprossenfenstern aus man bei traditionellen Grillgerichten und einer passablen internationalen Weinauswahl den schönen Blick über die prächtigen Gebäude gegenüber genießen kann.

THE OPERA TAVERN

23 Catherine Street

Covent Garden

WC 2

(U Covent Garden)

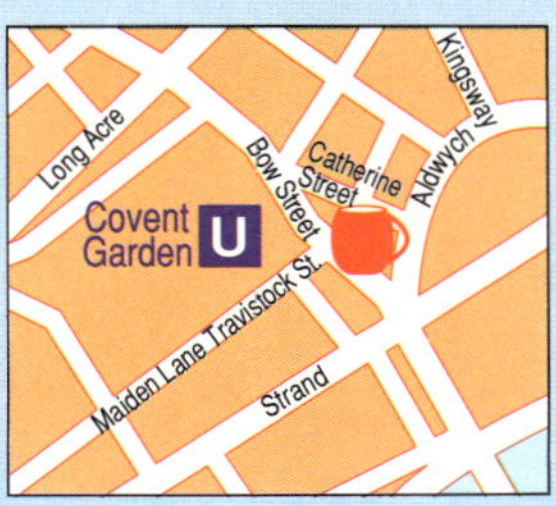

Öffnungszeiten

Mo–Sa

12.00–23.00 Uhr

So

12.00–15.00 Uhr

19.00–22.30 Uhr

Sonntags

kein Lunch

Ambiente

★ ★ ★

Küche

★ ★

... hier trifft sich die Theaterwelt

Wenn Sie in der »Opera Tavern« sitzen, ein »Tetleys«, »Burtons« oder »Youngs« bestellen und das Bier beim Zapfen plötzlich versiegt, heißt das noch lange nicht, daß das Faß leer ist. Doch dazu später.

Sie befinden sich in einer sehr hübschen Public Bar: die Stehnischen gegenüber dem Tresen durch Wände aus dunklem Holz mit geschliffenem Glas abgetrennt, hinten eine gemütliche Ecke ganz in Altrosa, überall Lampen mit roten, warmes Licht verbreitenden Stoffschirmen, Bilder mit Erinnerungen aus vergangenen Theaterzeiten. Spielpläne, Bühnenstars.

Auf der anderen Straßenseite liegt das altehrwürdige, 1819 erbaute Theatre Royal Drury Lane. Wo heute hauptsächlich Musicals Welterfolge feiern, war früher eine der bekanntesten Shakespeare-Bühnen. 1879 wurde die »Opera Tavern« gebaut und zieht seither Theaterleute an: Autoren, Regisseure, Schauspieler und deren oft internationales Publikum. Vor und erst recht nach den Shows. Zu einem Champagner, Gin and Tonic oder Bier in der Bar. Oder zu einem Snack oben, in Baddeley's Bar, wo neben der flüssigen Nahrung traditionelle englische Gerichte geboten werden, für die Welt des Glamour aber auch Modischeres, vom Rohkostsalat bis zu zahlreichen verlockenden Quiche-Variationen.

Die Stimmung ist, dem Publikum entsprechend, locker bis aufgedreht, und kaum einer bemerkt, wenn manchmal die Dielen knarren. Zu diesem Thema muß man allerdings etwas ausholen:

Ursprünglich hieß die ganze Gegend »Convent Garden« (Klostergarten, oder besser: Klosterfriedhof), was erst später zu »Covent Garden« verkürzt wurde. Auf diesem Friedhof entstanden also das Theater, das Pub und geheimnisvolle Gänge zwischen beiden – kein Wunder, daß es nicht nur im Theater, sondern auch in der »Opera Tavern« spukt! Die Ursache ist ein »Mister Baddeley«, der nicht nur ein Gönner des Theaters, sondern im tiefsten Innern seiner

Leute von heute und Reminiszenzen an einstige Bühnenstars

Seele auch Schauspieler gewesen sein soll. Er bekam seine Chance, doch ausgerechnet bei der Generalprobe raffte ihn ein

Gespenstisch, wenn beim Zapfen das Bier versiegt...

Herzinfarkt jäh dahin. Und seither geht er um: Er bewegt Dinge, dreht den Bierhahn zu, manchmal hört man Schritte. Oder Singen. Seine bevorzugten Räume sind der Keller und ein Personalraum ganz oben im Haus. Ein Barmädchen versichert uns, daß das Zimmer verhext sei: »Manchmal bewegen sich die Vorhänge, obwohl das Fenster geschlossen ist. Dann hört man jemanden gehen, und es wird ganz kalt im Raum...«

Die Pächterin – sie ist inzwischen nach Neuseeland ausgewandert – will ihn sogar gesehen haben, beim Aufräumen im Keller: Es sei passiert, als sie neu hier war und noch gar nichts von diesen Geschichten wußte; er habe plötzlich dagestanden, ein buckliger, dünner alter Mann mit weißen Haaren. »Ich habe mir nichts weiter dabei gedacht. Als ich spontan sagte, er könnte mir doch ruhig helfen, wurde er durchsichtig und verschwand in der Wand. Erst später habe ich von Mister Baddeley erfahren.«

Da er im Pub selbst noch nie gesehen wurde, gingen wir in den Keller: ein ganz normaler, aufgeräumter Keller. Bierfässer und Weinkisten im Neonlicht. Und doch unheimlich.

THE SALISBURY

90 St. Martin's Lane

Covent Garden

WC 2

(U Leicester Square)

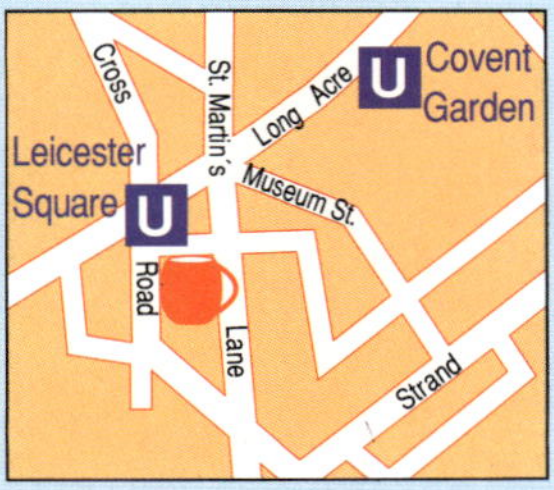

Öffnungszeiten

Mo–Sa

11.00–23.00 Uhr

So

19.00–22.30 Uhr

Lunch täglich

außer Sonntag

bis 14.30 Uhr

Dinner täglich

bis 22.00 Uhr

Ambiente

★ ★ ★ ★

Küche

★

Lebendige Erinnerung – der Marquis von Salisbury

Auch das »Salisbury« liegt im Theaterviertel Covent Garden. Tagsüber geschäftig, abends glitzernd und lebhaft. Leuchtreklamen zaubern schon lange vor Theaterbeginn alle Farben des Regenbogens auf die schmalen Straßen, festlich gekleidete Gäste schlendern in eines der zahlreichen Pubs, um noch einen Drink zu nehmen, bevor sich der Vorhang hebt.

Das vielleicht schönste von allen wirkt selbst wie eine Theaterkulisse: reich mit gelbem und rotem Samt, geschliffenem Glas, Spiegeln, Jugendstilfigurinen und -lampen dekoriert, ist das »Salisbury« eines der besterhaltenen Belle-Époque-Pubs der britischen Hauptstadt. 1830 auf dem Grund und Boden des dritten Marquis von Salisbury erbaut, wurde das Pub mit seinen zwei kleinen separaten Bars und dem gemütlichen Hinterzimmer zuletzt 1899, auf dem Höhepunkt des Jugendstils, völlig neu dekoriert und seither immer wieder originalgetreu renoviert.

Theatralisch angehaucht wie das Ambiente gibt sich auch das muntere Völkchen im Pub. Das »Salisbury« ist weniger ein Ort für Lunch oder Dinner, die Küche spielt eher eine Statistenrolle. Dafür

Glanz der Belle Époque

Das »Salisbury« im quirligen Theaterland von Covent Garden

kann man sich hier bestens auf einen abwechslungsreichen Abend einstimmen! Kevin und Patsy, die engagierten Manager, tun ihr Bestes, um an Stimmung und Lebensgefühl der Jahrhundertwende anzuknüpfen, als »Pink Champagne« en vogue war. Man trifft sich also nicht nur auf ein Pint »Taylor Walker«, »John Bull« oder »Tetley's Bitter«, sondern gerne auch mal bei einem Glas Champagner oder einem Cocktail. Im ältesten »Theaterpub« der Hauptstadt.

THE CHANDOS

29 St. Martin's Lane

Covent Garden

WC 2

(U Charing Cross)

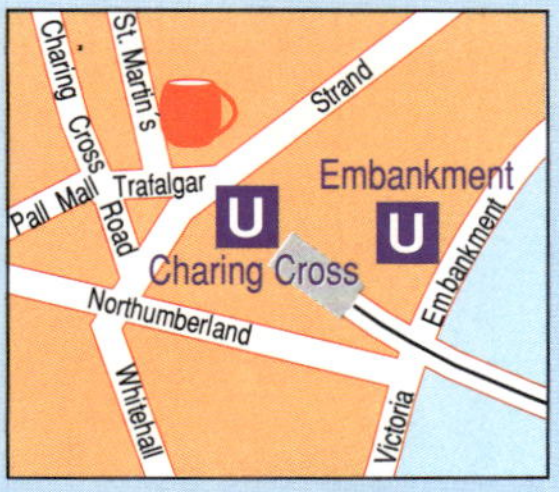

Öffnungszeiten

Mo–Sa

9.00–23.00 Uhr

(Opera Room)

11.00–23.00 Uhr

(Public Bar)

So

9/11.00–15.00 Uhr

19.00–23.00 Uhr

Lunch täglich

bis 14.30 Uhr

Dinner täglich

bis 22.00 Uhr

Ambiente

★ ★ ★

Küche

★ ★ ★

…nur ein paar Schritte von der Nelson-Säule

Kaum eine Brauerei ist so konsequent traditionalistisch eingestellt wie die Sam Smith Old Brewery aus Tadcaster in Yorkshire. Bier wird im Umkreis der Brauerei noch per Pferdewagen ausgeliefert, die eigenen Pubs werden mit viel Aufwand und Einfühlungsvermögen für Charakter und Geschichte renoviert und erhalten. Auch die Methode, sämtliche Biere, nicht nur das »Museum Ale«, grundsätzlich in Eichenfässern auszubauen. Sam Smith ist die einzige Brauerei Englands, die noch eigene Küfer beschäftigt: symbolisiert durch den mechanischen Faßmacher über der Front des »Chandos«, der den ganzen Tag über unermüdlich an seinem Faß »arbeitet«. Schon von außen signalisiert die schön gestaltete Fassade: hier wird auf Tradition Wert gelegt.

Das »Chandos« war eines der ersten Sam Smith's Pubs in London und gehört zu den schönsten Treffpunkten für Lunch, Dinner oder einfach nur auf einen Drink nach dem Besuch der Nationalgalerie

Pub oder Gentlemen-Club?

oder der Kirche St. Martin's-in-the-Field am Trafalgar Square. Die große Bar im Erdgeschoß ist bewußt einfach und ländlich geblieben: mit rauhem Holzfußboden, gekachelten Wänden, ledernen Bänken in getäfelten Alkoven. Durch farbige Butzenscheiben fällt nur sparsam buntes Licht in den Raum und sorgt für gemächliche Stimmung nach dem hektischen Treiben vor der Tür.

Gemütliche Alkoven prägen das Erdgeschoß.

Still und behaglich auch der »Opera Room« im ersten Stock, wenn auch mit ganz anderem Charakter: Hier fühlt man sich in einen Gentleman's Club mit zahlreichen elegant ausgestatteten Räumen und Nischen versetzt. Riesige Chesterfield-Ledersofas gruppieren sich um zwei offene Kamine, bequeme Fenstersitze bieten einen ungestörten Blick zur Nelsonsäule, die Wände sind mit alten Drukken aus der Opernwelt geschmückt. Schließlich war Lord Chandos, Namengeber des Pubs, ein bekannter Förderer der Künste und Mäzen des Komponisten Georg Friedrich Händel. Beide sollen seinerzeit hier häufig zu Gast gewesen sein.

Gut gezapft aus Tradition

Selten für Pubs, aber praktisch für Touristen: Das »Chandos« bietet nicht nur ein umfangreiches Frühstücksangebot ab neun Uhr, hier kann man genausogut zum Afternoon Tea kommen und sich an Scones mit Clotted Cream gütlich tun.

Dazwischen bietet der Foodcounter im Opera Room eine für Pubs ungewöhnlich breite Auswahl an Lunchgerichten: Huhn in Rotweinsauce, Geflügel in Estragoncreme, Rindfleisch in Portwein geschmort, Kalbsleber in provenzalischer Tomatensauce, Krabben-Paprika-Pizza standen bei unserem Besuch auf der schwarzen Tafel. Täglich frisch auch eine ganze Reihe von traditionellen Pies sowie Steak und Paprika, Schinken und Truthahn, Schweinefleisch mit Äpfeln oder Huhn mit Aprikosen. Vollwertgerichte, die umfangreiche Salatbar und ein Dessertbuffet lassen keinerlei Wünsche mehr offen.

SHERLOCK HOLMES

10 Northumberland Avenue

St. James's

WC 2

(U Charing Cross oder Embankment)

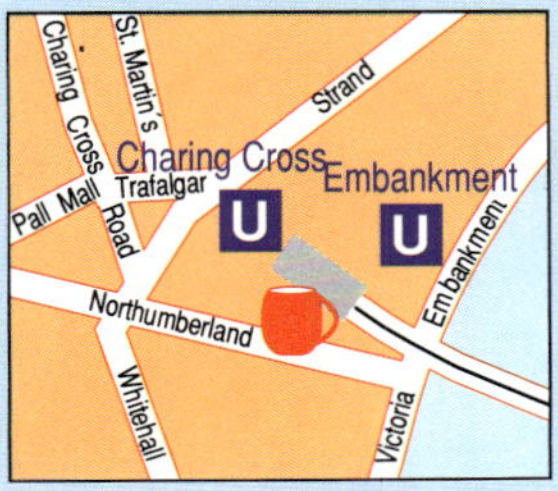

Öffnungszeiten

Mo–Sa

11.00–23.00 Uhr

So

12.00–15.00 Uhr

19.00–22.30 Uhr

Lunch täglich

bis 14.30 Uhr

Dinner täglich

bis 22.00 Uhr

Ambiente

★ ★ ★

Küche

★ ★ ★

Gab es ihn eigentlich wirklich? Wenn man die Gäste im »Sherlock Holmes« nach dem berühmten Detektiv fragt, kennen ihn alle. Und die Bücher natürlich. So gut, daß mancher ins Grübeln kommt... vielleicht hat er ja nicht nur als Romanfigur gelebt? Oder warum kann man sein Wohnzimmer heute in einem Pub bewundern, wenn auch weit von der Baker Street 221 b entfernt?

Sherlock Holmes' gute Stube: das Restaurant

Das hat durchaus seinen Grund, meint Manager Dennis Hough. Schließlich betrat Mr. Holmes das literarische Rampenlicht just an dieser Stelle, traf Sir Henry Baskerville und kam so zu seinem ersten Fall.

Damals gehörte das Pub – unter dem Namen »Northumberland Arms« – noch zum »Northumberland Hotel«, das Sir Arthur Conan Doyle Unterkunft und einen Platz bot, sein erstes Buch zu schreiben. Welche Welle der Brite damit auslöste, wird dem Besucher beim Anblick des 1957 in »Sherlock Holmes« umbenannten Pubs klar. Vor kurzem für mehr als sieben Millionen Mark umgebaut, ist das der Brauereikette Whitbread gehörende Pub heute mehr Holmes-Museum als Lokal, obwohl die Bierauswahl größer als allgemein üblich ist. Holmes' Pfeife ist genauso wie seine Lupe zu sehen, der Kopf des legendären Hundes der Baskervilles als ausge-

Hier schrieb Arthur Conan Doyle »Der Hund von Baskerville«.

stopfte Trophäe, viktorianische Polizeiutensilien, Holmes' Geige... eine fast unüberschaubare Ansammlung von Erinnerungsstücken und Bildern an den holzgetäfelten Wänden. Besonders interessant: die Entstehung einer Kriminalstory – von Conan Doyles Inspiration durch eine Zeitungsmeldung über die Manuskriptseite bis hin zum fertigen Buch.
Eine Ecke des gemütlichen Restaurants im ersten Stock wurde als »Holmes' Study«, als sein Wohn- und Arbeitszimmer nachgebildet, mit Originalmöbeln und Accessoires der damaligen Zeit, die hinter einer Glaswand zu bewundern sind. Bei günstig kalkulierten und sorgfältig zubereiteten traditionellen Gerichten wie Pie, Roastbeef und Yorkshirepudding, gegrillter Forelle in Honig-Mandelsauce, Schweinefilet in Apfelsauce oder ›Chicken Sherlock Holmes‹ kann man sich ganz wie bei Holmes zu Hause fühlen. Da es viele Dr. Watsons gibt, ist eine Reservierung jedoch dringend empfohlen.

THE MUSEUM TAVERN

1 Museum Street

Bloomsbury

WC 1

(U Tottenham Court Road oder Holborn)

Öffnungszeiten

Mo–Sa

11.00–23.00 Uhr

So

12.00–15.00 Uhr

19.00–22.30 Uhr

Lunch täglich

bis 14.30 Uhr

Dinner täglich

bis 22.00 Uhr

Ambiente

★ ★ ★

Küche

★

Weitläufig und imposant dominiert das Britische Museum ein Gewirr aus kleinen Sträßchen in Bloomsbury. Gegenüber dem Haupteingang die Museum Street mit Antiquariaten, Galerien, Antiquitätenshops – die ideale Gegend für Kunstbeflissene und Bücherwürmer.

Wenn es Abend wurde und die Bibliothek des Britischen Museums ihre Pforten schloß, war es ein kurzer Weg für Karl Marx: Tagsüber arbeitete er am »Kapital«, abends gab er sein Geld oder das seines Begleiters Karl Liebknecht in der »Museum Tavern« aus. Die kleine viktorianische Eckkneipe war oft mehr als nur ein kurzer Zwischenstopp vor dem Heimweg nach Soho.

Treffpunkt für viele Literaten war die »Museum Tavern«, in der Virginia Woolf und Dylan Thomas schrieben und Sir Arthur Conan Doyle seinen Sherlock Holmes Nachforschungen anstellen ließ. Für die erschöpften Besucher des Museums auch heute noch ein zusätzlicher Reiz, neben dem authentischen Erscheinungsbild des Pubs: Originalgetreu sind die Details der viktorianischen Architek-

Karl Marx und sein Kapital – hier gab er's aus.

tur erhalten geblieben, die der damals berühmteste Architekt William Finch Hill mit leichter Hand schuf. Korinthische Pilaster, italienischer Stuck und reizvoll geschmiedete Gaslampen bestimmen die Außenansicht, die heute noch so aussieht wie um das Jahr 1855.

Wie zu Königin Viktorias Zeiten …

Im Innern summieren sich die prächtig erhaltene Mahagoni-Täfelung, die kunstvoll geschliffenen Zierspiegel hinter der Bar, die beiden Messingventilatoren, das »ägyptisch« inspirierte Pubschild und die traditionellen Eisentischchen zu dichter Clubatmosphäre. Eine prunkvolle Anrichte bestimmt den Foodbereich: mit vergoldeter Stationsuhr, von hinten beleuchteten Farbglasfenstern, Türen aus dunklem Holz mit geschliffenen Glasfenstern.

Die angebotenen Pubgerichte sind traditionell bescheiden, aber gut. Neben der üblichen Auswahl auch mal Wildpastete, Hühnerragout, Rindfleisch in Biersauce oder gebackener Kabeljau.

Entdeckungen kann man hier schon eher bei den Bieren machen: Als Free House, also an keine Brauerei gebundenes Haus, ist man stolz auf die sorgfältig ausgereiften Real Ales. »Brakspears«, »Greene King Abbot«, »Ruddles County«, »Webster's Yorkshire Bitter« oder das seltener anzutreffende »Rayment's Bitter« stehen zur Wahl.

THE LAMB

94 Lamb's Conduit Street

Bloomsbury

WC 1

(U Russell Square oder Holborn)

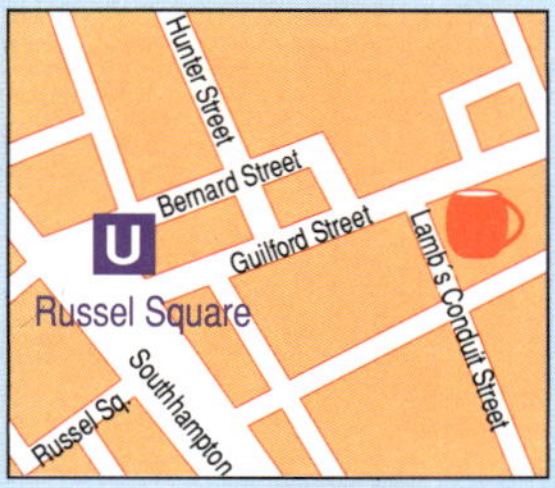

Öffnungszeiten

Mo–Sa

11.00–23.00 Uhr

So

12.00–15.00 Uhr

19.00–22.30 Uhr

Lunch täglich

11.45 bis 14.30 Uhr

Dinner

(nur kalte Speisen)

17.45 bis 22.00 Uhr

Ambiente

★ ★ ★

Küche

★ ★

Bloomsbury – in den ersten dreißig Jahren dieses Jahrhunderts Zentrum der literarischen Welt Großbritanniens. Autoren wie Leonard und Virginia Woolf, E.M. Forster, Lytton Strachey oder John Maynard Keynes (sie bildeten den Schriftstellerzirkel »Bloomsbury Set«) fanden damals in den schmalen, baumbestandenen Gassen und den belebten Hauptstraßen dieses zentralen Viertels Inspiration in einem der vielen Pubs. Diese Atmosphäre hat sich besonders gut im »Lamb« erhalten, heute noch ein Ort für Gespräche. Hintergrundgedudel von Kassetten, Musikboxen oder gar Spielautomaten? Undenkbar!

Bloomsbury's beliebteste Bar

An die Zeit, als vornehme Dandys das Lamb auf ihrem nächtlichen Bummel durch das damals recht anrüchige Bloomsbury ansteuerten, erinnern die »snob-screens« an der Bar. Mit diesen fein ornamentierten, holzgefaßten Glasscheiben, in Sichthöhe angebracht, konnten sich die High-Society-Gäste vor neugierigen Blicken aus der Public Bar schützen; zeigte sich dort ein hübsches, »leichtes« Mädchen, ließen sich die Screens von den Snobs diskret um neunzig Grad drehen. Für den rechten Durchblick. Die Zeit der Londoner Music Halls erwecken die zahlreichen Fotos und Erinnerungsstücke wieder, die die Wände zieren. Ein früherer Wirt, stolzer Vater eines Bühnenstars der damaligen Zeit, verewigte im Lamb die Karriere seiner hübschen Filia und ihrer Kolleginnen.

Die Atmosphäre im Pub ist elegant-lässig, das Publikum meist im gesetzteren Alter. Auch Film- und Theaterstars wie Vanessa Redgrave erinnern sich manchmal des Lamb und frischen ihre Eindrücke vom »alten Bloomsbury« wieder auf – bei gepflegten Real Ales von »Youngs« und recht traditioneller Pubküche in der Bar. Oder im geräumigen Restaurant im ersten Stock.

CITTIE OF YORKE

22 High Holborn

Holborn

WC 1

(U Chancery Lane)

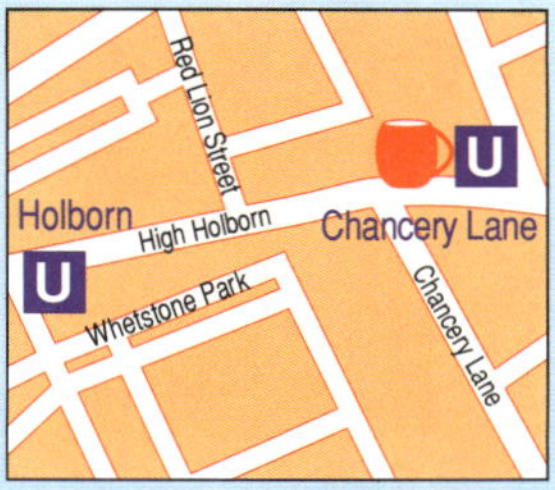

Öffnungszeiten

Mo–Fr

11.00–23.00 Uhr

Sa

11.00–15.00 Uhr

17.30–23.00 Uhr

So

geschlossen

Lunch täglich

bis 14.30 Uhr

Dinner täglich

bis 22.00 Uhr

Ambiente

★ ★ ★

Küche

★ ★

Das große Pub, Tür an Tür mit der Jura-Universität und dem Rechtsanwaltzentrum »Gray's Inn«, wird bevorzugt von Anwälten und Richtern besucht – und das schon seit 1430. Nicht nur Berufstradition und die prestigeträchtigen Kanzleiräume im »Gray's Inn« wurden und werden seit vielen Generationen häufig vom Vater auf den Sohn vererbt. Auch die Gewohnheit, einen bestimmten der komfortabel möblierten Alkoven in der langen Halle des mittelalterlich wirkenden »Cittie of Yorke« zu reservieren. Denn, so meint einer der Senior Solicitors, nirgends könne man angenehmer verhandeln oder sich mit Klienten besprechen als in dieser Atmosphäre:

Dekorativ und gut sortiert...

Der an ein Kirchenschiff erinnernde hohe Saal mit seiner Balkendecke, schwarz gebeiztem Holz oder Edelhölzern in tiefen, warmen Farben; der ausladende, vormals längste Bartresen Englands; der dreieckige Eisenofen aus Waterloos Zeiten; die luftige Weite des Raums und gleichzeitig das kathedralenhaft düstere Schummerlicht...

Die kleine, plüschig-komfortable Saloon-Bar zur Straße hin zeigt stolz das Stadtwappen Yorks – aber auch das der City of London, schließlich liegt das Pub nur wenige Schritte von der einstmals gut bewachten Stadtgrenze der Londoner City.

Erst in viktorianischer Zeit wurde das Pub – mit Hölzern aus dem 17. Jahrhundert – zu diesem traditionsbetonten Aussehen zurückgestaltet, davor hatte das »Cittie« über lange Zeit Anerkennung als modisches Coffee House genossen. Im alten Keller des Kaffeehauses wurde mit großer Sorgfalt und Blick für die historischen Qualitäten des Raums eine gemütliche Bar, die »Barnaby Rudge Bar« eingerichtet. Heute geht es hier friedlich zu, aber wenn man

…und immer noch einer der längsten Bartresen Englands

den Schilderungen Charles Dickens' in »Barnaby Rudge« glauben kann, dann war die Situation der dort verschanzten »Gordon-Aufständischen« gegen Ende des 18. Jahrhunderts alles andere als behaglich.
Auch der Hauptraum des »Cittie of Yorke«, die große Halle mit ihren gigantischen, über der Bar angebrachten Weinfässern, hat Erfahrungen mit Notsituationen sammeln müssen: Bei den deutschen Bombenangriffen während des Zweiten Weltkrieges suchten viele Londoner Schutz in der unter dem Pub liegenden U-Bahn-Station Chancery Lane. Durch eine unterirdische Verbindung gelangten sie ins Pub und versorgten sich aus den damals gut gefüllten Fässern – sie blieben es nicht lange. »Seit damals sind die Dinger leer«, lacht Manager Christopher Hunter bei einem Glas »Sam Smith's Old Brewery Bitter« mit einem Augenzwinkern, »aber so mancher Stammgast hat dadurch eben nicht nur bittere, sondern auch manche portweinsüße Erinnerung an den Krieg zurückbehalten.«
Den Ansprüchen der eher konservativen Gäste entsprechend wird nicht nur der Bierpflege besondere Aufmerksamkeit gewidmet, es werden auch eine ganze Reihe von raren Spirituosen und Zigarren bereitgehalten. Die Lunchauswahl bietet hier neben Sandwiches und Salaten mit Fleisch auch Irish Stew, Fleischpies, kreative Nudelgerichte oder karibisch inspirierte Fleisch-Gemüse-Obst-Kombinationen.

YE OLDE DR. BUTLERS HEAD

Masons Avenue

City of London

EC 2

(U Moorgate)

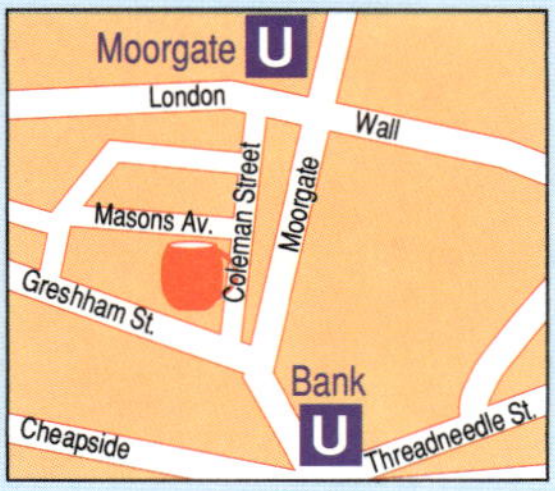

Öffnungszeiten

Mo–Fr

11.00–23.00 Uhr

Sa/So

geschlossen

Lunch täglich

bis 14.30 Uhr

Dinner täglich

bis 22.00 Uhr

Ambiente

★ ★ ★

Küche

★ ★ ★

Die City of London ist schon lange nicht mehr, was sie einmal war – Zentrum quirliger Aktivitäten und interessanter, farbiger Vorkommnisse. Heute ist die City durch moderne Hochhäuser bestimmt, wandern ernst blickende Gentlemen gemessen durch eine Monokultur, die nach Büroschluß in einen Dornröschenschlaf verfällt. Aber ein wenig von der alten, bunten Welt ist erhalten geblieben – man muß nur wissen, wo!

Viel los zur Lunchtime

Ein hypermodern gestylter Durchgang von der Coleman Street führt in die kleine Gasse mit dem imposanten Namen »Masons Avenue«. Die Bezeichnung Avenue ist ungefähr das Gegenteil von britischem Understatement und hat wohl nur deshalb Bestand, weil der Publikumsandrang hier zeitweise auch einer breiten Avenue alle Ehre machen würde: Um die Mittagszeit ist in dem schmalen Schlund zwischen Häusern aus dem 17. Jahrhundert kaum ein Durchkommen. Fröhliche Angestellte genießen in Scharen ihr Pint »Tolly Cobbold Original«, »Fullers London Pride«, »Flower's«, »Brakspear«, »Pedigree«, »Boddingtons Bitter« oder einfach nur die Lunchpause in dieser idyllischen Oase – eine Beschreibung, die auch auf das Innere des »Butlers Head« zutrifft.

Im nach dem großen Brand von London 1666 wieder aufgebauten Tudorhaus hat sich eine lässige Atmosphäre breitgemacht – eine schlichte Bar, rauhe Holzfußböden und einfache Tische in entspannendem Halbdunkel und gesetzten Farben.

Die Bankangestellten, die hier hauptsächlich verkehren, nehmen's auf ihre Art: funktionell. Ihre Mittagspause ist offenbar ebenso lang wie der Durst groß, während heißer Diskussionen wird oft im Stehen gegessen, und es geht manches zu Boden, von der Tomatenscheibe bis zur Zigarettenasche. »Wir stellen schon gar keine Aschenbecher mehr hin«, sagt die Pächterin resigniert, »die Banker aus ihren Glaspalästen mögen es halt etwas schmuddelig«. Was aber dem Charme des Lokals keinen Abbruch tut.

Trotzdem hätte William Butler hier wohl mal aufgeräumt: Er gründete das Pub 1616, sozusagen zum Zwecke der Volksgesundheit. Der Autodidakt, als Leibarzt von Jacob I mit dem Doktortitel ehrenhalber versehen, braute eigenhändig ein »medizinisches Bier«, um es in diesen Räumen auszuschenken. Über Heilungserfolge ist nichts Näheres bekannt.

Das gilt auch für allerlei andere erstaunliche Kuren, mit denen er sich dennoch einen unsterblichen Ruf als Quacksalber erworben

»Tudor Room«: ein elegantes Pubrestaurant

hat: So versuchte der beherzte Medizinmann beispielsweise, Epileptiker mittels unverhoffter Pistolenschüsse so zu erschrecken, daß sie die Krankheit überwanden. Oder er warf an Schüttelfrost Leidende kurzerhand in die Themse, um das Fieber zu senken.

Von derlei Roßkuren redet heute niemand mehr, und die Ales sind höchstwahrscheinlich weit besser als zur Zeit des braven Doktors. Die Lunchtime Sandwiches sind enorm und raffiniert belegt, die

beiden eleganten und gepflegten (!) Restaurants in den oberen Stockwerken sind behaglich und zeigen die englische Küche von ihrer besten Seite.
Man merkt dem Haus an, daß die Inhaber seit Generationen um das Pub bemüht sind. Selbst der einstmals hier polternde Geist konnte beruhigt werden: Vor etwa vierzig Jahren fand der damalige Landlord bei Kellererweiterungen die verscharrten Knochen von dreißig jungen Frauen; nach fast dreihundert Jahren war nicht mehr zu klären, ob die Mädchen einem Verbrechen oder aber der damals wütenden Pest zum Opfer gefallen waren – ein katholischer Priester wurde gerufen, um eine Totenmesse im Keller zu lesen. Seither ist Ruhe. Vom Trubel mittags und abends abgesehen.

LAMB TAVERN

10 Leadenhall Market

City of London

EC 3

(U Monument)

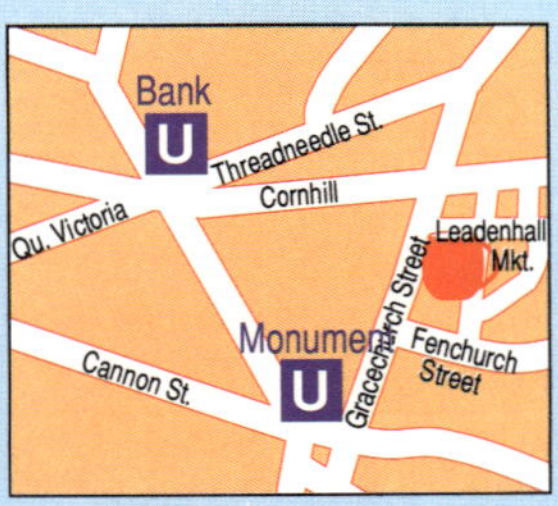

Öffnungszeiten

Mo–Fr

11.00–21.00 Uhr

Sa/So

geschlossen

Lunch

bis 14.30 Uhr

Ambiente

★ ★ ★

Küche

★ ★

Leadenhall Market war früher Londons wichtigster Umschlagplatz für Fleisch. Das ist diese Passage längst nicht mehr, trotz nach wie vor hier ansässiger Metzger. Nein, die Funktion hat sich gewandelt: Heute sind diese viktorianischen Häuserreihen unter dem herrlichen Glasdach Herberge auch für andere Sparten des gehobenen Lebensmitteleinzelhandels. Fachgeschäfte vor allem für Fisch, Krustentiere, Obst und Gemüse, Geflügel, Wild und anderes Fleisch. Die Edelprodukte werden in offenen Auslagen oder an Ständen präsentiert, und in dem quirligen Treiben riecht, klingt und sieht es aus wie sonst nur in südlicheren Gefilden – ein Hauch von Pariser Marktstraßen mitten in London! Als Kontrastprogramm wird gleich nebenan eines der abscheulichsten Gebäude der Stadt geboten: das einer Chemiefabrik nicht unähnliche Monstrum, in dem die Lloyds Versicherung residiert. »Siebentausend durstige Leute arbeiten da, und nicht wenige flüchten mittags hierher«, sagt David Morris, Manager der »Lamb Tavern« im Herzen von Leadenhall Market. Eher ein Tagespub, aber eins, das es auf vier Ebenen in sich hat: die halbhoch grünweiß gekachelte Kellerbar; ebenerdig der Hauptraum, eine Stehbar, in der das größte Gedränge herrscht; über eine eiserne Wendeltreppe gelangt man auf eine kleine Galerie, und einen Stock höher liegt das Restaurant, das übrigens Nichtrauchern vorbehalten ist. Geboten wird Solides: Biere von »Youngs« und eine kleine Karte mit gut zubereiteten Standards, daneben täglich wechselnde Spezialitäten. Empfehlenswert: das saftige Roastbeef, ganz einfach in einem Brötchen. Mindestens acht Zweikilostücke werden jeden Morgen gegrillt, um die stetige Nachfrage zu befriedigen. Enttäuschungen bei den Stammgästen bleiben dennoch nicht immer aus

Landlord David Morris

Leadenhall Market: Pariser Flair in London

– die »Lamb Tavern« mit ihrem authentischen Ambiente ist ein beliebter Drehort für Spielfilme und Fernsehserien geworden, und dann wird eben zugemacht. John Wayne und Robert Mitchum agierten hier, und auch Tom Selleck alias Magnum fand die typische Londoner Pubatmosphäre im »Lamb«. David Morris, dessen Vater vor fast fünfundzwanzig Jahren die Tavern als Pächter übernommen hatte, findet diesen cineastischen Ausflug in die Londoner Vergangenheit eher belustigend. Solange hier keiner einen römischen Monumentalfilm drehen will – schließlich stehe die Tavern auf den Grundmauern einer römischen Basilika!

THE BLACK FRIAR

174 Queen Victoria Street

City of London

EC 4

(U Blackfriars, Exit 1)

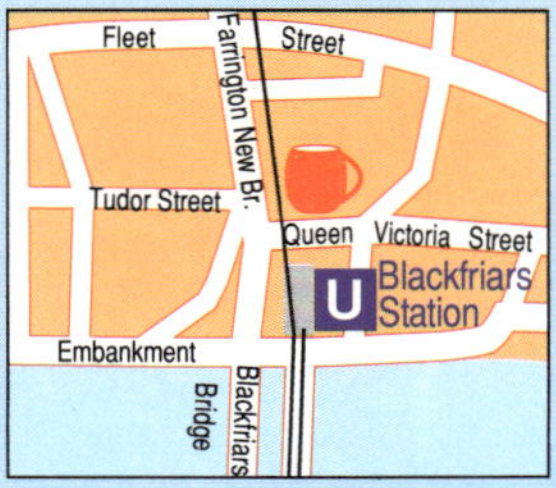

Öffnungszeiten

Mo–Fr

11.30–22.00 Uhr

Sa/So

geschlossen

Lunch

12.00 bis 17.30 Uhr

Dinner

Mo–Do, nur Snacks

Ambiente

★ ★ ★

Küche

★ ★

Ein Art-Déco-Juwel am Verkehrsknotenpunkt

Es gehört nicht zu den ältesten und geschichtsträchtigsten Pubs, aber sicherlich zu den schönsten. Erst 1903 wurde das imposante Gebäude errichtet, auf dem Gelände eines früheren Dominikanerklosters. Dieser in England »black friars« genannte Orden gab dem Pub seinen Namen und seinen Erbauern jede Menge Inspiration für bildhafte bis boshafte Anspielungen schon auf der Fassade. Von der wohlgenährten Mönchsfigur an der Stirnseite des Hauses bis zu den Bronzereliefs mit trinkfreudigen Ordensbrüdern: Nicht ohne Ironie wird gezeigt, daß auch Mönche leiblichen Genüssen durchaus nicht abgeneigt waren.

Tröstlich für jeden, der dem »Black Friar« ebenfalls nicht widerstehen kann. Sei es wegen seiner wunderschönen, an einer Blumeninsel und unter Bäumen gelegenen Terrasse, wegen der Ales von »Bass«, »Tetleys« und »Nicholson's« oder wegen der immer wieder beeindruckenden Jugendstilopulenz der Innenräume: dunkles Holz, Säulen und Wände aus florentinischem Marmor, Spiegel, Mosaikarbeiten und noch mehr bronzene Reliefs, die Mönche darstellen. Selbstverständlich entweder beim Trinken oder beim Essen.

Das Kloster gehört der Vergangenheit an…

Hier könnte es ein Coq au vin sein, Lammeintopf mit Preiselbeeren, Rinderbraten in Rotweinsauce oder eine Lasagne. Dazu wird eine Auswahl an offenen Weinen geboten, danach eine lobenswerte Palette an Malt Whiskys.

Für Nachdenkliche sind unterhalb der Decke Sinnsprüche in den Marmor gemeißelt: »Silence ist Golden« (Schweigen ist Gold), »Wisdom is Rare« (Weisheit ist selten) oder zum Beispiel »Finery is Foolery«. Zu deutsch: Pracht ist töricht. Das prächtige »Black Friar«, vor allem seinen hinteren Raum, sollte man sich dennoch nicht entgehen lassen.

THE GEORGE INN

77 Borough High Street

Southwark

SE 1

(U London Bridge Station)

Öffnungszeiten

Mo–Fr

11.00–23.00 Uhr

Sa

12.00–15.00 Uhr

18.00–23.00 Uhr

So

12.00–15.00 Uhr

19.00–22.30 Uhr

Restaurant mittags täglich geöffnet, abends Mo–Fr

Ambiente

★ ★ ★ ★

Küche

★ ★ ★

Brücken und Tunnel verbinden heute die Themseufer, sorgen für bequeme und schnelle Verbindungen. In den Zeiten, als es einzig und allein die London Bridge gab, entstand an deren Südseite ein Vorort, der aus heutiger Sicht ziemlich zentral gelegen ist: Southwark. Durchgangsstation für den Handel mit den südlichen Landesteilen. Kaufleute und Händler, Theaterleute und Künstler trafen sich in Alehouses und Amüsierbetrieben aller Art; vor allem aber in den »coaching inns«, Rasthäusern auf den Routen der Pferdekutschen. Das einzige noch quasi intakt erhaltene Londons ist das im frühen 16. Jahrhundert entstandene »George Inn«.

Nicht nur Shakespeares Stammlokal

Der Weg durch die kurze Passage, die von der damals wie heute belebten Borough High Street aus in den ruhigen Innenhof führt, hat etwas von einer Reise durch die Zeit – vom modernen Großstadtleben ins 16. Jahrhundert: Kopfsteinpflaster, Sprossenfenster, Gaslaternen, die hölzernen Brüstungen der Galerien... William Shakespeare, dessen Globe Theatre nur ein paar hundert Meter weit entfernt lag, hat hier wohl schon sein Ale getrunken und in Gedanken versunken dieselbe Hausfassade betrachtet...

Zu allen Zeiten hat das »George« vor allem Theaterleute und Literaten fasziniert. Allen voran Charles Dickens, der das »George« in seinem Roman »Little Dorrit« verewigt hat; Literatenclubs vom Dickens' Freundeskreis (selbstverständlich) bis zur »Dracula Society«, deren exzentrische Mitglieder sich hier regelmäßig treffen (und daran erkennbar sind, daß sie ausschließlich rote Getränke zu sich nehmen); Politiker wie Winston Churchill, der seinen eigenen Portwein mitbrachte (was ihn nicht vor einer Rechnung bewahrt haben soll); andere Persönlichkeiten wie Prinzessin Margaret und Lord Snowdon; Stars wie Judy Garland, die hier sang, oder Show-Pianist Liberace, der lieber trank; Richard Burton und Liz Taylor verbrachten gar eine ihrer diversen Hochzeitsnächte in einem der damals noch verbliebenen Zimmer (gestritten haben sie sich in einem anderen Pub, siehe »The Red Lion«); und auch Musiker, Akrobaten und Schauspieler aus dem Globe Theatre zieht es im Sommer, wie zu Shakespeares Zeiten, auch heute noch zu Aufführungen in diesen Innenhof.

Der Sommer ist überhaupt die beste Jahreszeit, das »George« zu besuchen, wenn die Galerie mit Blumenkästen geschmückt ist, im Hof abends die Gaslampen brennen und die Gäste an den rohen Holztischen eng zusammenrücken. Biere wie »Boddingtons«, »Greene King Abbot« oder »Fullers London Pride« fließen dann in Strömen. In der kühlen Jahreszeit macht man sich's in den Räumen im Erdgeschoß bei dem hier traditionellen Glühwein gemütlich. Die Einrichtung ist ebenso schlicht wie original: schwere dunkle Deckenbalken, da und dort Wandvertäfelungen, altmodische Bänke, einfache Stühle und Tische aus Eiche und Ulme. Die Dekoration ist zurückhaltend, einige Bilder, alte Preistafeln, im »Tap Room« die »Act of Parliament Clock« – diese Wanduhr war vor fast zweihundert Jahren ein nicht zu unterschätzender Service für die Gäste: Damals gab es ein Gesetz, das, aus welchem Grund auch immer, den Besitz von Uhren mit einer Steuer belegte. Nicht wenige Zeitgenossen verkauften daraufhin ihre Uhr und verließen sich fortan auf die wenigen öffentlichen Zeitmesser, wie diesen hier.

Traditionelle Schlichtheit dominiert

Wenn es Zeit wird, ans Essen zu denken, sollte man nach Möglichkeit bereits einen Tisch reserviert oder aber ganz einfach Glück haben. Nichts gegen das Essen an der Bar, aber das kleine intime

 Wo früher Postkutschen hielten – ein Biergarten im Innenhof. Britisch beflaggt: das altenglische Restaurant.

WHITBREAD
THE GEORGE

Das waren noch Preise…

Restaurant im ersten Stock hat doch entschieden mehr zu bieten: altenglische Atmosphäre in warmen Farben, Kaminfeuer, Ölgemälde, Wandteppiche und intime Nischen unter und zwischen Balken, die nach fachmännischem Urteil an die tausend Jahre alt sein dürften. Und eine Küchenlinie, die so klassisch britisch ist, wie man sie selten findet. Das beginnt beim traditionellen »Sonntagslunch« (der hier täglich zur Wahl steht, nicht nur zur Lunchzeit) aus Tagessuppe, Roastbeef mit Yorkshire-Pudding, danach einem Dessert oder Käse & Biscuits vom Wagen. À la carte fehlt weder die pochierte Lachsschnitte mit Sauce Hollandaise, das Sirloinsteak in englischer Senfsauce, in Cider geschmortes Schweinefilet oder die nach überlieferter Art gegrillten Lammkoteletts mit Gelee von roten Johannisbeeren. Bei den Desserts sollte man unbedingt den Hot Treacle Sponge, diesen zartkrumigen im Wasserbad gegarten und mit Sirup marinierten Kuchen probieren, einst das beliebteste Dessert der Briten, heute wegen des Aufwandes bei der Zubereitung nur noch sehr selten frisch zu finden. Nach einer solchen Stärkung kann man sich wieder in alter Frische in das Getümmel des Pubs stürzen, wie es schon Chaucer's Pilger nach Canterbury bei ihrer Rast in einem »coaching inn« erleben konnten.

THE ANCHOR

34 Park Street, Bankside

Southwark

SE 1

(U London Bridge Station)

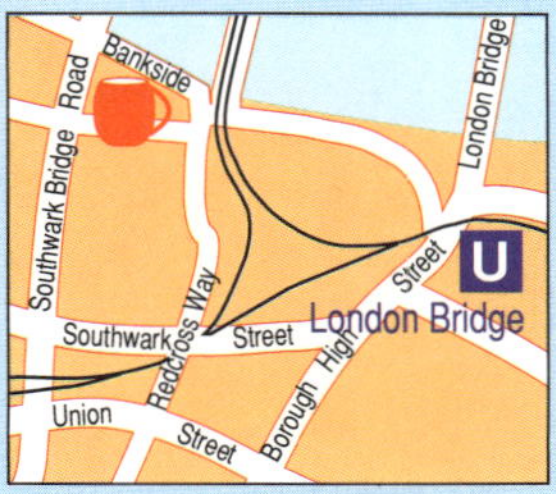

Öffnungszeiten

Mo–Sa

11.00–23.00 Uhr

So

12.00–15.00 Uhr

19.00–22.30 Uhr

Lunch täglich

12.00 bis 14.30 Uhr

Dinner täglich

17.30 bis 22.00 Uhr

Ambiente

★ ★ ★

Küche

★ ★ ★

Direkt am Fluß mit kleinem, schattigem Garten und einer großen Terrasse am Wasser: der »Anker«. Ein paar Schritte von hier stand Shakespeare's Globe Theatre (ein Modell ist im Pub zu sehen); 1666 sah Samuel Pepys von dieser Terrasse aus die Kuppel der St. Paul's Cathedral im großen Feuer von London rot erglühen, zehn Jahre bevor das ursprüngliche »Anchor« selbst niederbrannte.

Im 18. Jahrhundert im alten Stil wieder aufgebaut, kann man sich heute noch im Labyrinth der kleinen, verwinkelten Gasträume, Bars und Treppenfluchten verlaufen. Vom Alter nachgedunkeltes Fachwerk, einfache Steinwände, schwarze Täfelungen und antike Lederstühle vor offenen Kaminen geben den fünf Bars ihre gemütliche, authentische Stimmung. An den einstigen Stammgast Dr. Samuel Johnson erinnert die Erstausgabe seines Wörterbuchs hinter der Hauptbar, das neben anderen berühmten Werken in seinem (heute noch genutzten) Privatsalon hier im Pub entstand.

Hier ist gut ankern.

Nicht nur seine wechselhafte Geschichte ist Grund für die heutige Attraktivität des »Anchor« – dafür sorgen auch die gepflegten Real Ales aus dem Hause Courage und die bodenständigen, aber sorgfältig zubereiteten englischen Bargerichte. Hinzu kommt das Restaurant: In den beiden eleganten Räumen mit Galerie und ungehindertem Blick auf den Fluß hat man sich auf klassische englische Küche spezialisiert. Surf'n'Turf (Filetsteak mit Hummerschwanz), Jakobsmuscheln in Brandysauce, Lammfilet in Honig-Senf-Kruste oder Seezunge in Zitronenbutter sind nur Beispiele. Die Weinkarte bietet eine für Pubs ungewöhnlich umfangreiche Auswahl.

THE ANTELOPE

Eaton Terrace

Belgravia

SW 1

(U Sloane Square)

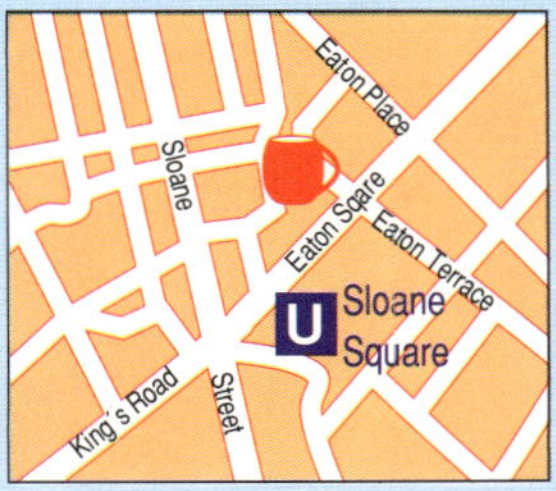

Öffnungszeiten

Mo–Sa

12.00–23.00 Uhr

So

12.00–15.00 Uhr

19.00–22.30 Uhr

Lunch (Barfood & Restaurant) täglich

12.00 bis 14.30 Uhr

Dinner (Restaurant)

Di–Fr

17.30 bis 22.00 Uhr

Ambiente

★ ★

Küche

★ ★

Einfach edel – wenn dieses Paradoxon je zutraf, dann auf das im 18. Jahrhundert erbaute Belgravia-Pub »Antelope«. Um die Ecke vom Eaton Place gelegen, also im Herzen des edelsten, teuersten und adeligsten Viertels der britischen Hauptstadt, ist das Pub selbst klein, schlicht, sehr gepflegt, ja geradezu unauffällig. Die großenteils adelige Klientel im traditionsbewußten Belgravia sucht hier etwas ganz anderes: Alte Kameradschaft und Gespräche. Hintergrundmusik ist von jeher verpönt.

Nicht nur Adel und »landed gentry«, also alte Familien ohne Adelstitel, haben das »Antelope« zum Erfolg gemacht, auch die neue Oberschicht aus Wirtschaft, Film und TV genießt die korrekten Umgangsformen und die betont private Atmosphäre: Joan Collins und Michael York, am glanzvollen Eaton Place lebend, sind ebenso Stammgäste wie Sir John Gielgud, der sich oft im Winebar-Restaurant im ersten Stock Spezialitäten wie Mousse vom Räucherlachs, Pfifferlinge in Weißwein-Kräutersauce oder geschmortes Stubenküken schmecken läßt. Die sehr sorgfältig ausgewählten Weine bieten Alternativen zum gut gepflegten »Adnams«, »Benskins«, »Ind Cooper Burton«, »Tetleys«, »Nicholsons« oder »Wadworth 6X«, die auch oben gezapft werden.

Ein Haus (fast) am Eaton Place

Das Restaurant verbreitet eine fast ländliche Atmosphäre: schwere Holztäfelungen, die mehr als hundert Jahre alte, in dunklem Beige lackierte geprägte Tapete und das teils sehr alte Mobiliar. Zehntausend Dollar wollte ein betuchter Amerikaner kürzlich auf den zweihundertjährigen großen Tisch legen, um ihn mitsamt den acht Stühlen mitnehmen zu können. Abgelehnt – das »Antelope« bleibt, wie es ist!

THE NAGS HEAD

53 Kinnerton Street

Belgravia

SW 1

(U Hyde Park Corner oder Knightsbridge)

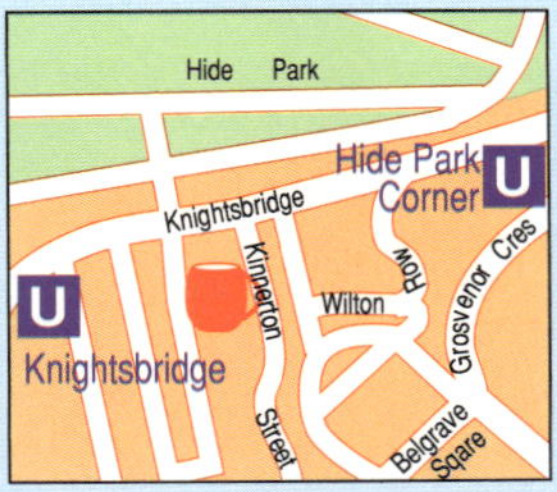

Öffnungszeiten

Mo–Fr

11.00–23.00 Uhr

Sa

11.00–15.00 Uhr

17.30–23.00 Uhr

So

12.00–15.00 Uhr

19.00–22.30 Uhr

Lunch täglich

bis 14.30 Uhr

Dinner täglich

bis 22.00 Uhr

Ambiente

★ ★ ★

Küche

★ ★

Die Kinnerton Street ist ein gutes Beispiel dafür, wie es vor zweihundert Jahren hinter den Kulissen der feinen Plätze im

Winziges Pub…

Nobelstadtteil Belgravia aussah: Die kleinen, schmucklosen Häuser in den schmalen Gäßchen waren meist Stallungen, Remisen und kleine Kneipen für der Herrschaften Hauspersonal. Auch das »Nags Head«, bis zur Erweiterung 1967 das kleinste Pub Londons, wurde damals vorwiegend von Kutschern und Stallburschen frequentiert, die sich mit niedrigen Zimmerchen und einem bescheidenen Kaminfeuer zufriedengaben. Der Adel schätzte das Pub hin und wieder als Ort für Inkognitotreffs. Der Kronprinz und spätere Duke of Windsor etwa konnte seine angebetete Wallis Simpson hierher auf einen Drink ausführen, ungestört von Blicken der Society und unerkannt von den niederen Ständen.

Heute würde er auf seinesgleichen treffen: Längst hat sich die bessere Gesellschaft in Belgravia niedergelassen, ein zum Wohnhaus umgebauter Stall ist nur noch für Millionäre erschwinglich. Statt

…mit viel Atmosphäre

Dienstpersonal leben Vertreter von Hoch- und Geldadel, Diplomaten, Börsenmakler, Künstler und Schauspieler in den idyllischen Häuschen und gehen regelmäßig auf ein Pint ins »Nags Head«.

Würstchen mit Real-Ale-Garantie

Das winzige Pub vermittelt Geborgenheit, Vertrautheit, etwas von der »guten alten Zeit«. Die Decken sind niedrig, die altmodische Bar mit ihren Handpumpen von 1850 ist ein Prachtstück, und die Kamine verbreiten Behaglichkeit. Die genannte Erweiterung hinten sind zwei winzige Gasträume. Wahrscheinlich sind sie hoffnungslos überfüllt, wenn das »London Irish Rugby Team« auftaucht, dessen Mitglieder das »Nags Head« zu ihrem Stammpub erkoren haben. Kein Wunder bei dem irischen Pächter Kevin Moran und seinem Rugby spielenden Sohn.

Ein Hauch »Good Old England« auch auf der kleinen Speisekarte: Klassiker wie Lammleber mit Zwiebeln, Toad in a hole (Würstchen im Brötchenteig), Beef curry oder Steak und Pilzauflauf. Oder ganz einfach »Real Ale Sausage«, mit Burton Ale aromatisierte Würste. Dieses Bitter gehört natürlich auch zu den Bieren in dem nicht an eine Brauerei gebundenen Pub, daneben Real Ales von »Benskins«, »Burton«, »Youngs« und »Taylor Walker«.

Wer sich beim Bier ein wenig die Zeit vertreiben möchte, sollte sich an der Bar ein paar alte Pennymünzen geben lassen und Opas Spielautomaten ausprobieren, die wohl neuzeitlichsten Einrichtungsgegenstände im »Nags Head«: mechanische Geschicklichkeitsspiele aus den dreißiger und fünfziger Jahren, bei denen es Spaß, vielleicht eine Rolle Pfefferminzdrops und jedenfalls für ein nahegelegenes Kinderkrankenhaus die bescheidenen Einnahmen zu gewinnen gibt. Aus den zwanziger Jahren stammt eine 3-D-Peep-Show: Man wirft einen Penny ein und kann sich ansehen, was damals als gewagte erotische Darstellung galt und heute selbst im prüden England niemanden mehr aufregt.

THE GRENADIER

18 Wilton Row

Belgrave Square

SW 1

(U Hyde Park Corner)

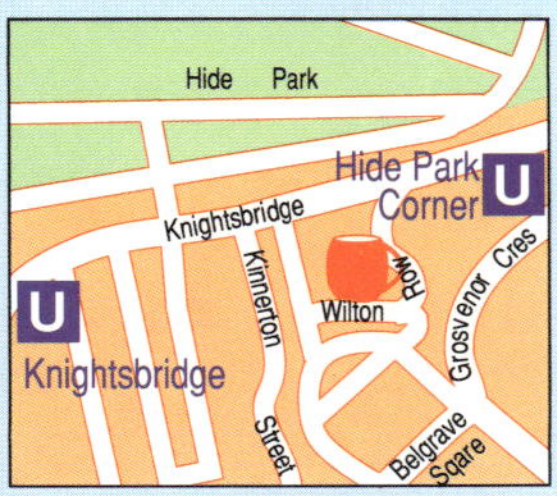

Öffnungszeiten

Mo–Sa

12.00–15.00 Uhr

17.00–23.00 Uhr

So

12.00–15.00 Uhr

19.00–22.30 Uhr

Lunch täglich

bis 14.30 Uhr

Dinner täglich

bis 22.00 Uhr

Ambiente

★ ★ ★ ★

Küche

★ ★ ★

»The Grenadier« hat sich gut genug versteckt, um für viele London-Reisende eine Entdeckung zu sein, wie man sie hier kaum noch erwartet: im noblen Stadtteil Belgravia, ganz in der Nähe der deutschen Botschaft. Die Schranke mit Wachposten an der Einfahrt in das kleine Privatsträßchen ist Ergebnis einer höchstrichterlichen Entscheidung, die den Durchgangsverkehr auf der Wilton Row kurzerhand verbot – auch dem Rikscha-Service, den der damalige Pub-Landlord daraufhin zur Bequemlichkeit seiner Gäste einführte, wurde ein baldiges Ende bereitet. Aber keine Sorge, der Spaziergang durch das heimelige, baumbestandene Gäßchen ist kurz und angenehm: ein Hauch von »Good Old London«, nur ein paar Schritte vom Verkehrslärm am Hyde Park Corner – eine Oase der Ruhe, fast wie in viktorianischen Tagen.

Ländliches Idyll im Nobelviertel

Ein Gedenkstein erinnert daran, daß das heutige »Grenadier«, 1818 erbaut, ursprünglich die Offiziersmesse des Duke of Wellington war. Der Torbogen nebenan führte in seine Pferdestallungen. Später wurde aus der Messe ein öffentliches »Inn« mit dem Namen »The Guardsman«. Treffpunkt der Reichen und Einflußreichen. Ein Gasthof, den selbst King George IV nur allzu gerne frequentierte – damals Grund genug für so manchen bissigen Kommentar der London Times. »His Majesty« war jedenfalls nicht ganz unschuldig an den ausgetretenen Stufen, die in das pittoreske, weinumrankte Steinhaus führen und auf denen man sich's im Sommer mit seinem Pint of Bitter gemütlich machen kann.

An kühleren Tagen kann es eng werden in der kleinen Bar mit ihrem zinnbeschlagenen Tresen, den alten Handpumpen und den vielen martialischen Memorabilia, die sich hier im Laufe der Generationen angesammelt haben: historische Waffen, Säbel, Messer, Fanfarenhörner und Pulverbehälter, Feldflaschen und Feldlampen... viel Atmosphäre unter schweren alten Deckenbalken, lebendige Erinnerung an den »Iron Duke« – vom Ölgemälde, das Wellington nach der Schlacht von Waterloo zeigt, bis hin zu den Originalen von Programm und Eintrittskarte zur Beisetzung des »Eisernen Herzogs« am 18. November 1852 in der St. Paul's Cathedral. Im »Grenadier« liegen Geschichte und Geschichten in der Luft. Wie die von Jules Vernes Reise »In achtzig Tagen um die Welt«, die in London ihren Anfang nahm – die Pubszenen für die berühmte gleichnamige Verfilmung wurden nicht ohne Grund in diesen Räumen gedreht.

Doch zurück zur heutigen Zeit und dem bunt gemischten Publikum, das sich hier bei Pächter und Küchenchef Peter Martin, bei Barmann Andy und den hübsch uniformierten Barmaids trifft: Angehörige der nahegelegenen Botschaften, Künstler und Lebenskünstler, Twens ebenso wie gesetztere Herrschaften mit Schirm,

Hübsch uniformierte Barmaids erwarten den Besucher.

Charme und Melone, Reich und Arm, alteingesessene Nachbarn aus Belgravia und Touristen aus aller Welt... Die Mischung sorgt für gute Stimmung, es geht leger zu, und die Preise sind noch zivil, sonst würden wohl weniger Champagneretiketten und ausländische Banknoten die Decke über der Bar zieren.

Im Sommer trifft man sich im stillen Gäßchen unter Bäumen.

Andy zapft gepflegte Biere wie »Ruddles Best«, »Ruddles County« oder »Websters Yorkshire«, mixt aber auch gerne die hier berühmte Bloody Mary, deren Geheimrezept zu verraten er sich standhaft weigert. Erdacht hat es sein Vorgänger Thomas Westwood, der noch heute – meist sonntags zum Lunch – vorbeischaut, eine Bloody Mary bestellt und damit für eine gewisse Kontinuität seiner Rezeptur sorgt. Der rüstige Pensionär müßte jetzt so um die Achtzig sein, was vermuten läßt, daß sein Drink zwar scharf gewürzt, in Maßen genossen aber ungefährlich ist. Der Snackcounter bietet preiswerte Lunch-Standards wie Ploughman's, Somerset Pork oder Scampi, abends allerdings ausschließlich die hier berühmten Knackwürste.

Feinschmecker finden dann mehr Auswahl beim Candlelight-Dinner in einem der beiden kleinen, ganz in rot gehaltenen Restauranträume hinter der Bar: solide zubereitete Leckereien wie Schottischer Wildlachs, Dover-Seezunge, mit Speck bardierte Hähnchen-Stilton-Roulade, typisch Britisches wie Aylesbury-Ente in Kirschsauce oder Steak & Oyster Pie. Oder das an den ehemaligen Hausherrn erinnernde Filet Wellington... und das offene Feuer im Kamin prasselt dazu wie schon zu Regency-Zeiten.

An kühlen Tagen kann es eng werden an der Bar mit dem zinnbeschlagenen Tresen.

Aus letzterer ist übrigens noch etwas übriggeblieben: das Gespenst, das hier, wie man uns versichert, immer pünktlich und regelmäßig im September sein Unwesen treibt! Es handelt sich um den Geist eines Offiziers, der in diesen Räumen beim Kartenspiel betrogen und die Tracht Prügel seiner Kameraden unglücklicherweise nicht überlebt hat. Der Stammgast wurde fortan zum Stammgeist, und seither stöhnt und poltert er und macht sich einen Spaß daraus, die Gäste zu erschrecken.

Im Kaminzimmer wird klassische englische Küche serviert.

Das kleine Kruzifix, das seit mehr als hundert Jahren im Keller hängt, um dem Spuk ein Ende zu bereiten, konnte ihn bisher nicht beeindrucken. Dichtung oder Wahrheit? Das wollten 1969 einige Mädchen genau wissen, die – sicherheitshalber zu acht! – eine Nacht im Keller verbracht haben. Genauer gesagt, am Jahrestag von Waterloo, dem 18. Juni. Ergebnis: eine Gänsehaut und zwei Studenten, die aus Jux durchs Kellerfenster einstiegen, aber kein Gespenst.

Für Peter Martin und sein Service-Team hat dieser Versuch allerdings keinerlei Beweiskraft. Sie alle hätten hier selbst schon oft genug Seltsames erlebt, Schritte und Stimmen gehört oder Gegenstände durch die Luft fliegen sehen. Ja selbst eine so unzweifelhafte Persönlichkeit wie ein Chief Superintendent von Scotland Yard habe hier seine Begegnung der unheimlichen Art gehabt, nachzulesen in einem vergilbten Zeitungsartikel neben der Bar: Zigarettenrauch habe er mitten im Raum aufsteigen sehen – ohne Zigarette und den dazugehörigen Raucher; als er mit der Hand hinfaßte, habe er die Hitze der Glut gespürt...

Kein Märchen also. Und außerdem, sagt Peter Martin, haben die acht Mädchen etwas Entscheidendes übersehen: Der Geist spukt, wie gesagt, nur äußerst selten im Juni, dafür um so heftiger im September! Geöffnet ist dann natürlich trotzdem.

THE RED LION

1 Waverton Street

Mayfair

W 1

(U Green Park)

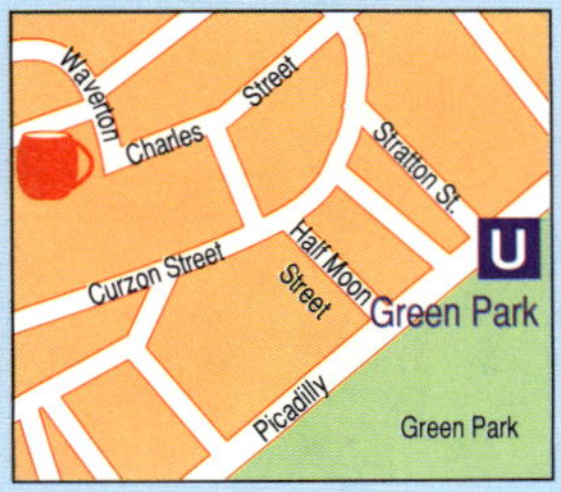

Öffnungszeiten

Mo–Fr

11.30–23.00 Uhr

Sa/So

12.00–15.00 Uhr

Sa 18.00–23.00 Uhr

So 19.00–22.30 Uhr

Lunch täglich

bis 14.30 Uhr

Dinner täglich

bis 22.00 Uhr

Ambiente

★ ★ ★ ★

Küche

★ ★ ★

Wie das »Grenadier« im vornehmen Belgravia, so ist auch das »Red Lion« im eleganten Mayfair ein Überbleibsel aus der Zeit, als anstelle der heute so dichten Bebauung nur wenige Landsitze mit ihren Parks diese Viertel prägten, als die Bevölkerung der »City of London« jedes Jahr im Mai zur Kirmes, dem beliebten

»May fair«-Erinnerungen mit Landhausatmosphäre

»May fair« eben, aufs Land hinauszog. 1754 wurde der Ausflugsverkehr so stark, daß man auf die Idee kam, das repräsentative Farmhaus aus dem 17. Jahrhundert zum Pub umzugestalten.

Viele Prominente sind seither im »Red Lion« eingekehrt. Vom Adel bis zum berühmt-berüchtigten Räuber Dick Turpin. Liz Taylor und Richard Burton sind hier vor einer ihrer Scheidungen lautstark aneinandergeraten... Auch heute kehren, neben der Stammkundschaft aus den in Mayfair ansässigen Theater-, TV- und Modellagenturen, immer wieder Filmstars ein, die in den benachbarten Luxushotels absteigen, Größen wie Goldie Hawn, Tom Cruise oder Kurt Russell. Gelegentlich taucht auch einmal ein Mitglied der königlichen Familie auf.

Seine ländliche Ausstrahlung hat dieses Pub auf hohem Niveau bewahren können. Das »Red Lion« sieht nicht nur von außen einladend und gemütlich aus, die Erwartungen werden im Innern noch übertroffen. Sanft fällt Licht durch die Butzenscheiben der Fenster, das Personal ist freundlich, und flink wird man an der L-förmigen Bar aus dunklem Holz mit frisch gezapftem »Ruddles Best« oder »County«, »Greene King Abbot« oder »Webster's Yorkshire« versorgt. Bevor man sich einen gemütlichen Platz auf einer Bank oder einen Sessel des dunkel getäfelten, mit alten Fotografien geschmückten Hauptraumes sucht, um das lebendige Kommen und Gehen im Pub zu beobachten. Noch schöner sitzt es sich im kleinen, clubartig eingerichteten Hinterzimmer, am offenen Feuer. Hier kann man sich auch den gutgemachten und preiswerten »Pub Grub« schmecken lassen. Wer's edler mag und gerne englische Küche mit französischem Akzent probiert, findet im kleinen, hübsch eingedeckten Restaurant mit sehr romantischer Kerzenlichtstimmung dazu Gelegenheit: bei gegrillter Dover-Seezunge, Jakobsmuscheln in Weißweinsauce, Ente in Zitronen-Ingwer-Sauce, Lamm-Medaillons oder einem hier recht eigenwillig interpretierten Steak-and-Kidney-Pie. Auf der saisonal wechselnden Karte dominiert zwar mal die englische, mal die französische Note, und auch die Küchenleistung ist mitunter schwankend, doch die stimmige Atmosphäre macht dieses kleine Risiko mehr als wett.

Im Restaurant: englische Küche, französisch abgeschmeckt…

…oder solider »Pub Grub« vom Buffet

Das »Red Lion« gehört zu den Pubs, von denen man sich schwer wieder trennen kann. Tagsüber ebenso wie abends. Man kann hier Stunden, ja Tage zubringen. Für Gentlemen, die den Kontakt zur Außenwelt dennoch nicht ganz verlieren möchten, ist ein spezieller Service auf der Toilette gedacht: in Augenhöhe, auf grünem Filz hinter Glas gerahmt – die Financial Times des Tages.

THE AUDLEY

41 Mount Street

Mayfair

W 1

(U Bond Street oder Marble Arch)

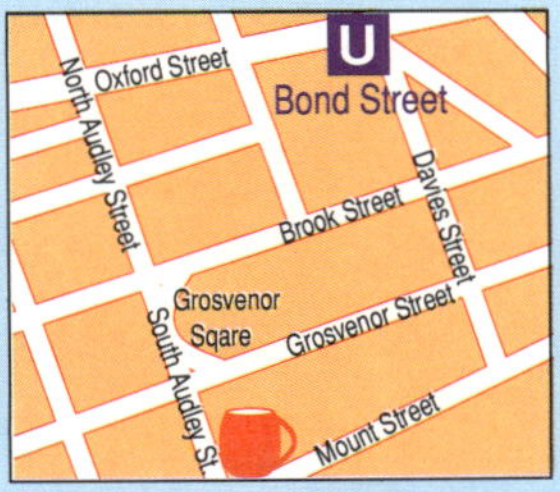

Öffnungszeiten

Mo–Sa

11.00–23.00 Uhr

So

12.00–15.00 Uhr

19.00–22.30 Uhr

Lunch täglich

(außer Samstag)

12.00 bis 14.30 Uhr

Dinner täglich

19.00 bis 21.30 Uhr

Ambiente

★ ★ ★ ★

Küche

★ ★

Eine erste Adresse: »The Audley«

Nur ein paar Ecken vom »Red Lion« entfernt entfaltet ein weiteres typisches Mayfair-Pub seine sorgfältig erhaltene Pracht. Das »Audley« liegt in der Mount Street, unweit des Dorchester-Hotels und vis-à-vis des königlichen Büchsenmachers James Purdey & Sons, in einer der vornehmsten Wohngegenden des britischen Adels. Hier flanierten einst Debütantinnen mit passenden Bewerbern, ließen sich feine Damen zur Kirche kutschieren, gähnten elegant gewandete Dandys auf dem Nachhauseweg von einem der zahlreichen Spielclubs in der Brook Street.

Das berauschend dekorierte Pub aus viktorianischer Zeit lädt heutzutage nicht nur die High Society, sondern Touristen aus aller Welt zur kurzen Rast ein. Beim Bummel durch die Galerien, Designer-

Gediegene Clubatmosphäre

boutiquen und Antiquitätenshops Mayfairs oder nach einem Spaziergang durch den nahegelegenen Hyde Park.

Angeblich gehört der Prince of Wales zu den häufigeren Gästen... man kann es sich gut vorstellen: Kronleuchter und Stuck, dunkles Holz und rotes Leder, das Personal in fröhlichen Uniformen und Gäste mit Stil – Clubatmosphäre. Sollte es stimmen, daß Prince Charles hier verkehrt, dann ißt er auch: Sandwiches mit Roastbeef, honiggebeiztem Schinken oder Krabben, Feinkostplatten mit

Ein Restaurant mit gutem Ruf

 Nur ein Katzensprung von der hektischen Bond Street – Ruhe und Erholung im »Audley«

schottischem Lachs, französischer Pâté oder den berühmten Ploughman's Lunch mit Stilton, Sage Derby, Somerset Brie, Cotswold oder Lymeswold Cheese. Von anderen Prominenten ist die Vorliebe für die mächtigen Doppeldecker-Sandwiches im »Audley« nachgewiesen: Tom Cruise, Kylie Minogue und Tom Jones haben sich hier schon einen schnellen Lunch oder die traditionelle englische Küche im Restaurant im ersten Stock gegönnt – Fish & Chips und danach warmes Applepie kommen besonders gut an.

ARGYLL ARMS

18 Argyll Street

West End

W 1

(U Oxford Circus)

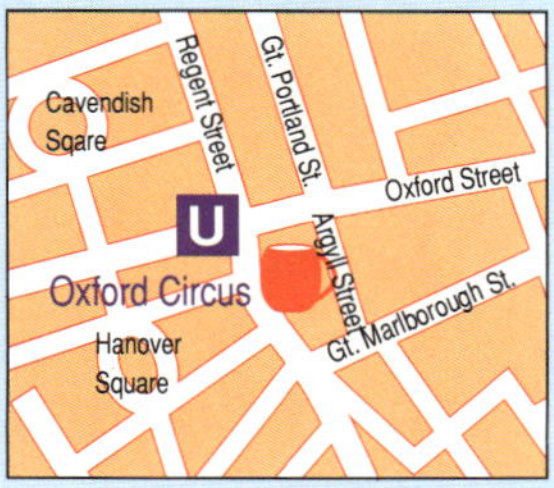

Öffnungszeiten

Mo–Sa

11.00–23.00 Uhr

So

geschlossen

Lunch/Dinner täglich

12.00 bis 22.00 Uhr

Ambiente

★ ★ ★

Küche

★ ★ ★

Überraschung am Oxford Circus

Ein Pub mitten im Londoner Shoppinggebiet, zwei Schritte vom Trubel des Oxford Circus weg, das kann ja nur eine Touristenfalle sein!? Weit gefehlt – das »Argyll Arms« ermöglicht die schönste Unterbrechung eines Einkaufsbummels, die man sich vorstellen kann!

Vor dreihundert Jahren wurde das Haus für die Gäste des Herzogs von Argyll erbaut, seit 1716 wird an jedermann ausgeschenkt. Die reichen Verzierungen und beeindruckenden Details der vom damaligen Herzog persönlich entworfenen Innenausstattung sind bis heute in all ihrer eleganten Schönheit erhalten. Seine Gnaden selbst bevorzugten die Palladium Bar im ersten Stock mit ihren üppig bepflanzten Sprossenfenstern, der verschnörkelten Stuckdecke, einem heute noch funktionsfähigen Kamin aus Carraramarmor und den bequemen, mit leicht verblaßtem roten Gobelinstoff bezogenen Stühlen und Bänken. Seit 1730 wurde an diesem Raum nichts mehr verändert, lediglich der Teppich und die Bezüge regelmäßig erneuert. Und natürlich die kleine Eckbar wieder aufgefüllt.

Heute dient die Palladium Bar als ruhiger Rückzugsort für alle, denen das lebhafte Gewimmel im Erdgeschoß nicht die nötige Muße zum Genuß der hier wie unten ausgeschenkten Real Ales von »Greene King«, »Pedigree«, »Boddington«, »Burton«, »Tetley« oder »Wadworth« gibt.

Wer die Schönheit der Erdgeschoßräume in Ruhe würdigen will, sollte sowieso gleich am Morgen kommen – dann kann man die ochsenblutrot lackierte Stuckdecke, die geschliffenen Spiegel im Korridor, die reich ornamentierten Säulen und die kunstvoll geschnitzte Rückwand der langen Bar noch gebührend bewundern. Dann, und nur dann, findet sich auch noch ein Sitzplätzchen in einem der kleinen, durch Holzwände mit verzierten Bleikristallscheiben voneinander abgeteilten Barabteile.

Die Hauptbar, eine der schönsten Londons

Ist eines der kleinen Séparées einmal geschlossen, hat das meist folgenden Grund: Die Stars des gegenüber liegenden Musicaltheaters »Palladium« nehmen dann vielleicht einen letzten Drink vor der Vorstellung. Frank Sinatra, Tom Jones und neuerdings Jason Donovan haben diesen Privatservice des Hauses schon reichlich genutzt.

Die meisten anderen Gäste kommen dagegen wegen der enormen Auswahl an Sandwiches, die hier bereits seit 1716 zum Repertoire gehören und nach wie vor empfehlenswert sind. Am Food Counter im kleinen Restaurantteil locken aber auch die zahlreichen tagesfrischen Spezialgerichte; etwa Lancashire Hot Pot, Beef and Guinness Pie, Lamm in Aprikosensauce oder Wildragout. Zubereitet nach den überlieferten Rezepten des »Argyll Arms«, haben diese klassischen englischen Gerichte ihren wohlverdienten Anteil am guten Ruf des Hauses. Einkehr wärmstens empfohlen!

DUKE OF WELLINGTON

94 a Crawford Street

WINDSOR CASTLE

27 Crawford Place

Marylebone

W 1

(U Marylebone)

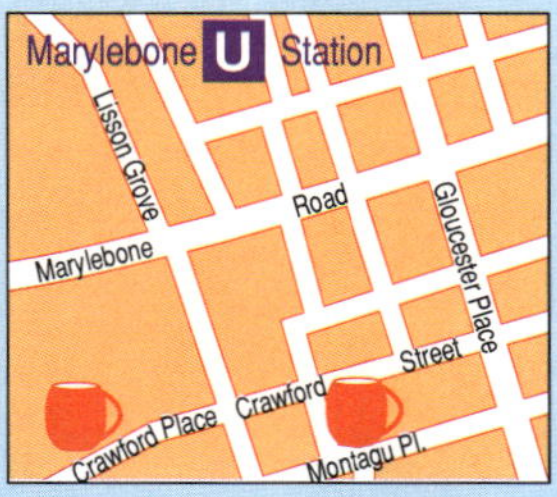

Öffnungszeiten

Mo–Sa

11.00–23.00 Uhr

So

12.00–15.00 Uhr

19.00–22.30 Uhr

Lunch täglich

bis 14.30 Uhr

Dinner täglich

bis 22.00 Uhr

Ambiente

★ ★ ★ ★

Küche

★ ★

»God save the Queen!«

Michael Tierney ist ein ganz normaler, sehr netter Londoner und durch und durch Brite. Auch eine Sympathie für die königliche Familie ist in der Monarchie gang und gäbe. Ein überdurchschnittlich ausgeprägtes Interesse wird erst durch seine Sammelleidenschaft deutlich – seit Jahren trägt er alles zusammen, was er über die Familie Windsor bekommen kann, ersteigert auf Auktionen schon mal das eine oder andere seltene Stück aus dem Besitz des Königshauses. Mit diesem Hobby steht er sicherlich nicht alleine da, bringt es jedoch auf ausgefallene, ja einzigartige Weise auch noch mit seinem Beruf unter einen Hut: Vor sechs Jahren übernahm der Gastronom ein seit 1840 eingeführtes Pub am Crawford Place – das »Windsor Castle«, das nicht nur den passenden Namen, sondern endlich auch genügend Platz für seine umfangreiche Sammlung bot!

Die Fenster wurden zu Vitrinen umgebaut, zusätzliche Ausstellungsfläche an den Wänden und über der Bar gewonnen. Hunderte von Gegenständen sind seither hier ausgestellt – unzählige Porzellantassen mit Porträts der Royals, der Originalteller zur Krönung von George VI und das Wedgewood-Gedeck im traditionellen Blau-Weiß mit dem Verlobungsfoto von Charles und Diana sind zu bewundern. Sorgfältig zusammengetragene Erinnerungsstücke, von Original-Weihnachtskarten des verstorbenen Königs und der jetzigen Monarchin, teuer auf Spezialauktionen ersteigert, bis hin zur minutiösen Dokumentation des großen Abdankungsskandals von 1936 anhand von Zeitungsberichten. Die königlichen Hochzeiten von Charles und Diana sowie Andrew und Sarah sind neben der »Queen Mother's Bar« in Briefmarken, Bildern und Souvenirs dokumentiert. Eine Wand ist großformatigen Fotos der Windsors gewidmet: Queen Mum als junges Mädchen, Queen Elizabeth als junge Mutter...

Pub oder Museum? Beides!

Leider hat sich noch kein Mitglied der ersten Familie des Landes in diesem Windsor Castle sehen lassen, auch wenn für das heiß ersehnte Ereignis vorgesorgt ist: Zwei Sessel sind stets per Messingplakette für Lady Diana und Prince Charles reserviert. Man kann ja nie wissen, meint Michael Tierney.

Nur ein paar Schritte vom »Windsor Castle« mit seinen altmodischen, noch voll funktionstüchtigen Gaslaternen entfernt besitzt

Hommage an den Sieger von Waterloo

er ein zweites Museum-Pub. Die dort zur Schau gestellte Sammlung ist einem anderen Lieblingsthema der Engländer gewidmet: dem »Iron Duke«, Herzog von Wellington – und auch ein klein wenig seinem großen Gegenspieler Napoleon.

Auch hier dienen die Fenster des schon seit 1815 als »Duke of Wellington« bekannten Public House als Vitrinen, kann man unzählige Bilder, Karikaturen, Porzellanteller, -tassen und -figuren, Zinnsoldaten, Glasflakons, Tabaksdosen, Gipsbüsten, Krüge, antiquarische Bücher, Waffen, Kanonenmodelle... überhaupt alle nur erdenklichen Wellington-Memorabilia bestaunen. Einschließlich der Times vom 22. Juni 1815, die vier Tage nach der Entscheidungsschlacht bei Waterloo über das Ereignis berichtet hatte. Ein Modell der Kampfstätte mit Zinnfiguren und Windmühle soll Wellingtons Triumph zusätzlich veranschaulichen, und der hölzerne Wegweiser mitten im Pub informiert über Richtung und Entfernung sämtlicher Schlachtfelder des »eisernen Herzogs«.

Trotz dieses musealen Charakters ist das »Duke of Wellington«, nicht anders als das »Windsor Castle«, in erster Linie ein gemütlich-elegantes Pub geblieben. Die Getränke sind sorgfältig gelagert und der Whisky gut ausgewählt, wie ältere Gentlemen bereits um elf Uhr morgens verständig feststellen, bevor sie von der guten alten Zeit Großbritanniens zu schwärmen anfangen. So wie wir von der Spezialität des Hauses: Das »Salt Beef Sandwich Wellington« mit seiner warmen Füllung aus hauchdünn geschnittenem Salzfleisch und dem feinen Akzent von englischem Senf markiert einen der ultimativen Höhepunkte britischer Sandwichkultur, der so nur noch im Schwesterpub »Windsor Castle« erreicht wird!

...ein heißer Tip!

ANGLESEY ARMS

15 Selwood Terrace

South Kensington

SW 7

(U South Kensington)

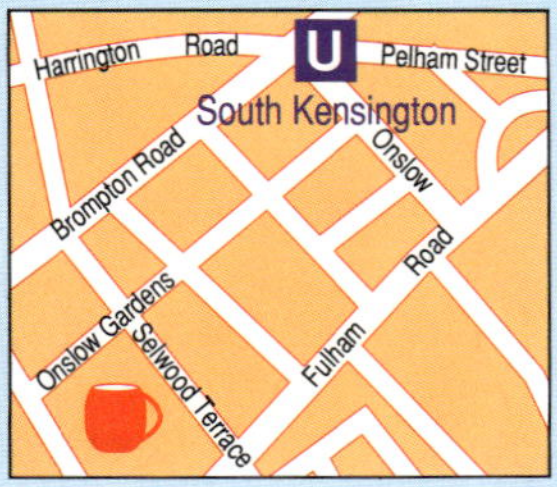

Öffnungszeiten

Mo–Sa

11.00–15.00 Uhr

Mo–Fr

17.30–23.00 Uhr

Sa

19.00–23.00 Uhr

So

12.00–14.00 Uhr

19.00–22.30 Uhr

Lunch täglich

bis 14.30 Uhr

Dinner täglich

bis 22.00 Uhr

Ambiente

★ ★ ★

Küche

★ ★

»Last orders, please!«

Das 1824 erbaute »Anglesey Arms« paßt mit seiner weißen Fassade und den großzügigen, französischen Fenstern gut zur noblen Nachbarschaft dieses vornehmen Wohnviertels.

Ein Eindruck, der sich im Innern des Gebäudes fortsetzt. Das Licht der imposanten Messingleuchten bricht sich im glänzend polierten Holz der Täfelungen, fällt auf das leuchtend rote Leder der Chesterfield-Sofas und den matten Samt der Polsterbänke.

Von Beginn an zog das stattliche »Anglesey Arms« die Jeunesse dorée an. Inspiration fand hier auch ein Dichter wie D. H. Lawrence, der als Gast so manche Beobachtung für seinen skandalösen Roman »Lady Chatterley's Lover« machen konnte. Auch heute treffen sich die jungen Schönen noch hier, an der Bar oder auf der mit altmodischen Glaslampen und reichem Blumenschmuck verzierten Terrasse.

Die älteren Stammgäste ziehen sich dann meist an den viktorianischen Kamin zurück, in das einige Stufen tiefer liegende, ruhige Hinterzimmer mit seiner niedrigen, ochsenblutroten Ornament-Stuckdecke, setzen sich in einen der Lehnsessel und bleiben lieber bei den erstklassig gepflegten Real Ales, die das nicht an eine Brauerei gebundene Pub in reicher Auswahl ausschenkt. »Adnams«, »Boddingtons«, »Brakspears«, »Greene King Abbot«, »Theakstons Old Peculiar«, »Youngs Special« oder »Eldrige Pope Hardy« stehen zur Wahl, im Winter ergänzt um das »Royal Oak Heavy Winter Beer«.

Ein Pub mit vielen Stammgästen

Die Küche liefert Übliches und steht hier nicht im Mittelpunkt des Interesses. Außer sonntags zur Lunchzeit: Zum bekannt hervorragenden Sunday Roast trifft sich hier alles. Jung und alt.

THE FRONT PAGE

33 Old Church Street

Chelsea

SW 3

(U Sloane Square oder South Kensington, dann Bus zur Kings Road)

Öffnungszeiten

Mo–Sa

12.00–15.00 Uhr

17.30–23.00 Uhr

So

12.00–15.00 Uhr

19.00–22.30 Uhr

Lunch täglich

bis 14.30 Uhr

Dinner täglich

bis 22.00 Uhr

Ambiente

★ ★

Küche

★ ★ ★ ★

Schmale, gepflegte Steinhäuser, eine Kirche, Bäume in ummauerten Vorgärten strecken ihre Krone zur buckligen Straße – ein Dorf mitten in London. Die Old Church Street im Chelsea Village ist die älteste noch originalgetreu erhaltene Straße des alten London. Baumgesäumt zieht sie sich von der fashionablen Kings Road hinunter zur Uferpromenade der Themse. Bis 1870 standen

Entdeckungen für Feinschmecker garantiert

hier noch bescheidene Fischerkaten neben den prächtigen Häusern der jakobinischen Zeit. Die sechste Frau des Tudorkönigs Henry VIII, Catherine Parr, lebte hier in einem hübschen Landhaus als Königinwitwe.

Auch der Lordkanzler Heinrichs VIII., Thomas More, besaß ein großzügiges Gut in Chelsea. Auf seinem Grund wurde das Gasthaus »Black Lion« erbaut, das erst als Poststation, dann als eleganter Tearoom, schließlich als Village Pub diente, bis es 1985 grundlegend in seiner klassischen Schlichtheit erneuert und in »Front Page« umbenannt wurde. Einfachheit auf höchstem Niveau ist auch die Devise der Gourmet-Pubküche, deren Kreationen im großen, sparsam möblierten Raum mit seinen hellen französischen Fenstern serviert werden. Denn ins »Front Page« kommen die Gäste weniger auf der Suche nach gemütlicher Pubatmosphäre, hier treffen sich die verwöhnten Liebhaber der klassischen briti-

Ein Klassiker in Chelsea

schen Küche. Karotten-Koriander-Creme, lauwarmer Salat von Rauchhuhn, Speck und Avocado, Lachsmousse mit Sauce Hollandaise oder Risotto mit marktfrischen Gemüsen sind Beispiele der täglich wechselnden Karte. Oder butterzarte Lammkoteletts in einer samtigen Mintsauce mit vorzüglicher Gemüsebeilage und feinen Kartöffelchen – perfekt!
Kellerkühles »Ruddles«, »Websters« oder »Boddingtons« begleiten die erstklassig zubereiteten und dennoch günstigen Speisen. Der eher kontinental orientierte Gast findet sicher einen edlen Wein auf der reichhaltigen Weinkarte – hier ist selbst der Hauswein zu empfehlen: ein frischer, grünlich im Glas schimmernder Chablis.
Anwohner, Werbeleute, Fotomodelle und viele in der Nähe arbeitende Künstler zählen zu den ständigen Gästen; schließlich haben zahlreiche große Westend-Theaterproduktionen ihre Probenräume nur ein paar Schritte die Straße hinunter. Regisseur Sir Peter Hall genoß auch bei unserem Besuch einen seiner geliebten Fischaufläufe und sein Bitter. Dustin Hoffman bevorzugt hier die vegetarische Küche, während sich Glenda Jackson auf einen Salat mit schottischem Räucherlachs beschränkt… Ob international inspiriert oder einfach und traditionell – das »Front Page« ist ein echter Geheimtip für kulinarische Genießer einer modernen, hochstehenden Pubküche.

✻

THE WHITE HORSE

1 Parsons Green

Fulham

SW 6

(U Parsons Green)

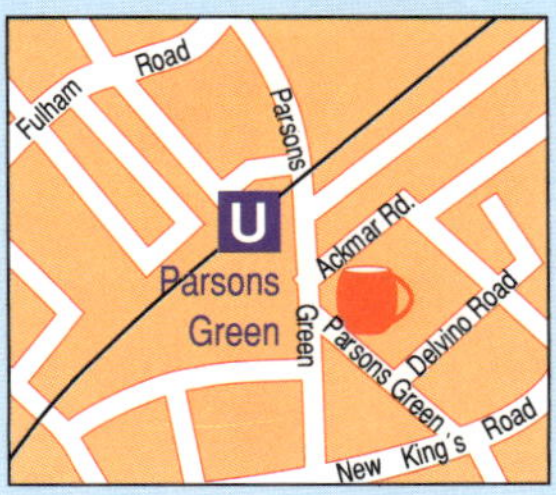

Öffnungszeiten

Mo–Sa

11.30–15.00 Uhr

17.00–21.00 Uhr

Sa/So

12.00–15.00 Uhr

19.00–21.00 Uhr

Lunch täglich

bis 14.30 Uhr

Dinner täglich

bis 21.00 Uhr

Ambiente

★ ★

Küche

★ ★

Parsons Green sei das Viertel, wo aufstrebende junge Londoner hinziehen, bevor sie Millionäre werden und nach Hampstead übersiedeln, heißt es. Wahrscheinlich sparen sich nicht wenige der Aufsteiger den Umzug – Parsons Green heißt nämlich nicht nur so, es ist auch grün. Mit schönen, gepflegten Häusern in stillen Straßen, voller Charme und Ausstrahlung.

Zum perfekten Pub für diese aufstrebende Klientel haben Sally Cruickshank und ihr Kellermeister Mark Dorber das historische »White Horse« gemacht – ein bißchen elegante Brasserie, ein wenig Winebar, eine Spur ländliches Restaurant mit guter Küche und ein Mekka für alle Bierfans. Und das, obgleich dem »White Horse« ursprünglich ein recht rauher Ruf vorausging: Die ehemalige Poststation an der Strecke London – Portsmouth war letzter Stopp vor der City of London, letzte Gelegenheit, unbehelligt von der wohlorganisierten städtischen Polizei dem reichlich fließenden Gerstensaft und anderem zuzusprechen. Zehn verschiedene Bars boten Platz für alle gesellschaftlichen Schichten, für alle Absichten und Vergnügungen. Reisende Familien konnten so ungestört von leichten Mädchen und ihren Kavalieren sitzen, adelige Gäste bekamen nichts von der Zecherei der Armen mit und umgekehrt.

Sommertreff in Parsons Green

Später wurde Parsons Green wegen seiner Weinberge berühmt, die laut Jonathan Swift »einige der besten Trauben Europas hervorbrachten«. Das erste Damen-Cricket-Match Großbritanniens fand auf dem weitläufigen Pubgelände statt, Ehefrauen gegen unverheiratete Mädchen...

Als Sally und Mark die zum Pub geschrumpfte ehemalige Poststation 1981, am Tag der Hochzeit von Prince Charles und Diana Spencer übernahmen, lag eine bunte Vergangenheit hinter dem

Aus zehn mach' eins: klassenlose Gesellschaft

Begehrte Auszeichnung – Pub des Jahres

»White Horse« – wo aber lag die Zukunft? In einem guten Ruf! Sally hat von Beginn an ihre Vorstellungen von gesitteten Umgangsformen durchgesetzt. Wer sich nicht anständig benimmt oder gar andere belästigt, wird »gebannt«, bekommt Hausverbot. »Die Gäste akzeptieren das«, meint die freundliche, aber resolute Sally. Sie wird als Autorität respektiert und sorgt dafür, daß immer gute Stimmung herrscht.

Mark, der Kellermeister, rief die Weintradition von Parsons Green ins Leben zurück. Neben britischen Gewächsen aus Kent stehen einundvierzig verschiedene Flaschenweine, zwei Champagner, vier Sherrys, vier Ports und zahlreiche Edelspirituosen auf der Standardkarte, ergänzt um regelmäßige Aktionsweine. Alte Jahrgänge aus Bordeaux ebenso wie internationale Aufsteiger, etwa Alois Lageders Bozener Chardonnay oder Miguel Torres' chilenischer Sauvignon Blanc aus dem Barrique.

Bei aller Weinleidenschaft hat Mark Dorber mindestens so viel Spaß am »Selbermachen«, am Ausbau der halbfertig angelieferten Real Ales im eigenen Keller. Eng mit Malt-Whisky- und Bierpapst Michael Jackson befreundet, hat Mark so einige Tricks zur perfekten Vollendung der englischen Bierspezialitäten auf Lager. »Adnams«, »Bass«, »Charrington« und »Highgate Mild« sind die Standardmarken, daneben bietet das »White Horse«, exklusiv in Großbritannien, das »Traquair House Ale« des schottischen Laird of Traquair vom Faß an – der Laird, Peter Maxwell Stuart, hatte sich vorher von Marks Kellermeisterfähigkeiten persönlich überzeugt!

Das können auch die Gäste. Neben Weinproben werden im »White Horse« auch Bierproben veranstaltet, kann die Kellerpflege eines Real Ale Schritt für Schritt erkostet werden. Damit der Gast beim einmal jährlich stattfindenden »Festival of Real Ales« als Fachmann mitreden – und genießen kann!

THE CRANE

14 Armoury Way

Wandsworth

SW 18

(British Rail: Wandsworth Town)

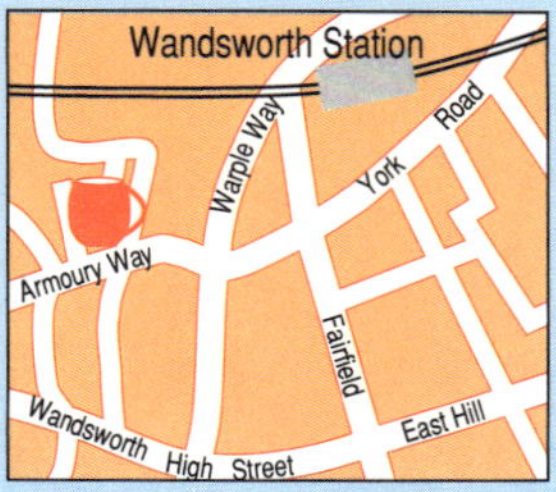

Öffnungszeiten

Mo – Sa

11.00 – 23.00 Uhr

So

12.00 – 15.00 Uhr

19.00 – 22.30 Uhr

Lunch (Restaurant)

täglich bis 14.30 Uhr

Dinner (Pub)

täglich bis 22.00 Uhr

Ambiente

★ ★

Küche

★ ★

Selten sind sie in London geworden, die authentischen Pubs, die mehr an dörfliche Treffs als an den Glitter der Großstadt erinnern. Zum lukrativeren Großpub umgebaut, für Wohnungen wegsaniert oder beim Straßenbau im Weg gewesen. Auch das »Crane«, dessen Geschichte bis mindestens 1748 nachweisbar ist, wäre 1935 beinahe dem Bau der Hauptstraße Armoury Way zum Opfer gefallen. Der benachbarten Brauerei »Youngs« ist es zu verdanken, daß das kleine Häuschen noch steht.

Abseits der Touristenströme

Ein Pferdewagen bringt jeden Donnerstag das frisch gebraute »Youngs« zum Ausbau in den Pubkeller. Die beiden kleinen Bars mit ihrer hübschen, zuletzt 1920 grundlegend renovierten, aber sehr gepflegten Ausstattung ziehen immer noch die Nachbarschaft an – kein Wunder, daß auch der Vorstandsvorsitzende der Brauerei, John Young, regelmäßig auf ein Pint herüberkommt und die relaxte Atmosphäre im mit roten Samtpolstern, niedrigen Dekken, offenem Kamin, Messingtischchen und farbigen Glasfenstern fast ein wenig plüschigen »Crane« genießt.

Ihn schrecken auch die zahlreichen Geschichten über den Geist des Pubs nicht ab. Stammgast Paul versicherte uns, er habe Schritte gehört und plötzlich eine eiskalte Hand im Nacken gespürt. Vor sechs Monaten sei das gewesen, sagt er und klingt dabei sehr überzeugend. Pubmanager Alan Hill ist »nicht ungläubig«, hält sich ansonsten aber an seinen Grundsatz, man solle »sich um die Lebenden kümmern«. Und da Essen und Trinken bekanntlich Leib und Seele zusammenhält, will er sich künftig verstärkt dem Restaurant im ersten Stock widmen und der Küche den Geist seiner kulinarischen Ansprüche einhauchen.

THE SHIP

41 Jews Row

Wandsworth

SW 18

(U Fulham Broadway, dann Bus 28 bis Wandsworth Bridge)

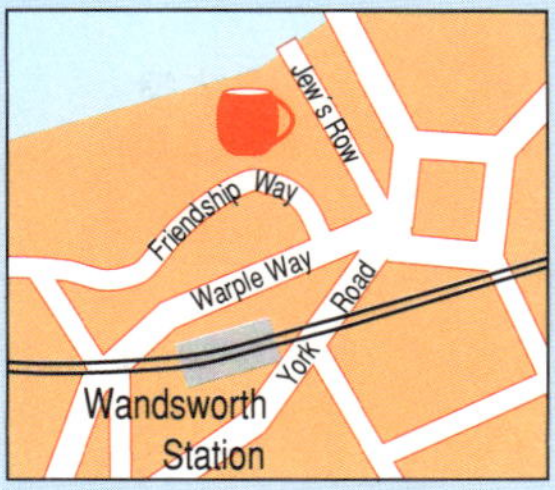

Öffnungszeiten

Mo–Sa

11.00–23.00 Uhr

So

12.00–15.00 Uhr

19.00–22.30 Uhr

Lunch/Dinner täglich

12.00 bis 22.00 Uhr

im Sommer Terassen-barbecues von

12.00–15.00 Uhr

und 17.30–22.00 Uhr

Ambiente

★ ★ ★

Küche

★ ★

Ein früheres Schmugglernest, ganz versteckt an der Themse gelegen, später dann in einen viktorianischen Sommersitz umgebaut und heute ein Pub mit sehr guter Küche – das Publikum: prominente Sportler und TV-Stars, Yuppies aus Kensington und Chelsea, selbst Formel-1-Piloten wurden hier schon gesichtet. Die sonstigen Attraktionen des »Ship«: neben »Youngs« Real Ales und ausgesuchten Weinen vor allem Atmosphäre.

Das verrauchte Flair des einstigen Schmugglertreffs bestimmt die Frontbar; die dahinterliegende Saloonbar wurde in viktorianischer Zeit in einen luftigen, lichten Wintergarten umgebaut, heute noch sehr reizvoll mit bequemen Ledersofas, restauriertem Kirchengestühl, einem alten, aber noch funktionsfähigen Harmonium und vielen Pflanzen ausgestattet. Im Sommer zieht es die Gäste jedoch auf die ausgedehnte Flußterrasse mit den typischen rohen Bierbänken und schützenden Sonnenschirmen. Hier wird das ganzjährig anspruchsvolle Küchenangebot durch ein Barbecue ergänzt. Außer Lachspastete und Muscheln in Knoblauch-Weinsauce, Omelettes mit frischen Pilzen oder Geflügel in Edelpilzcreme werden dann auch gegrillte Hummerkrabben, Lammsteaks, Fischschaschlik oder Sirloinsteaks angeboten. Ein umfangreiches Salatbuffet und verschiedene vegetarische Aufläufe und Currys runden das kulinarische Angebot ansprechend ab.

Schmugglernest am Fluß mit viktorianischem Wintergarten

Das »Ship« ist ein heißer Tip für warme Sonntagnachmittage: Nach dem Sunday Roast mit einem kühlen Bitter in der Hand auf dem Mäuerchen am Fluß sitzen, über der hier vertäuten Segelbark »Convoi«, um der fröhlichen Gartenparty auf der blumengeschmückten Terrasse und den Schiffen auf der Themse zuzusehen...

THE DOVE

19 Upper Mall

Hammersmith

W 6

(U Ravenscourt Park)

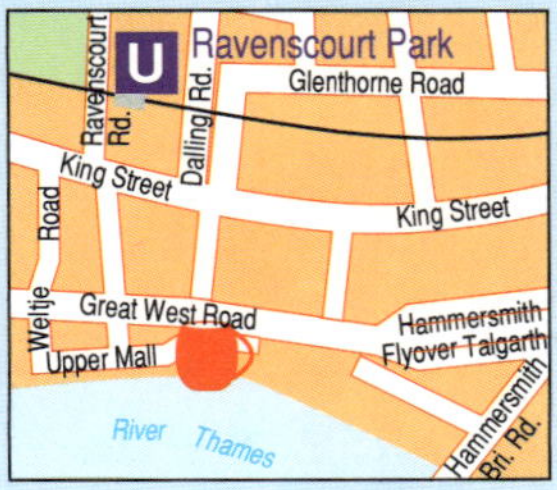

Öffnungszeiten

Mo–Sa

11.00–23.00 Uhr

So

12.00–15.00 Uhr

19.00–22.30 Uhr

Lunch täglich

bis 14.30 Uhr

Dinner täglich

bis 22.00 Uhr

Ambiente

★ ★ ★ ★

Küche

★ ★ ★

Majestätisch wie ein eleganter weißer Vogel schwebt sie die Themse entlang in Richtung Heimatflughafen Heathrow, eine Concorde der British Airways. Der Kontrast könnte nicht größer sein: Überschallzeitalter da oben, während hier, auf dieser Terrasse an der Themse, die Zeit seit der Mitte des 17. Jahrhunderts stehengeblieben zu sein scheint... der hypermoderne High-Tech-Vogel, der hier täglich der guten alten »Taube« begegnet – »The Dove«, eines der schönsten, originalsten und originellsten Pubs der Hauptstadt, wenn nicht Englands.

Die breite Uferstraße mit ihren schönen georgianischen Residenzen verengt sich auf der Höhe des »Dove« zu einer schmalen, kopfsteingepflasterten Gasse, bevor sie sich wieder zum Grün der Furnival Gardens öffnet. Kleine, niedrige Häuser drängen sich zwischen Fluß und Gasse, aus einem Fenster klingt leise Vivaldis »Vier Jahreszeiten«. Den altmodischen Türknauf des »Dove« in der Hand könnte man meinen, in der Gasse Degengerassel zu hören, heisere Stimmen, die »Pistolen für zwei, aber Champagner nur für den

Sandwich oder Sunday lunch?

Überlebenden« ordern – das »Dove« und die Furnival Gardens waren im galanten 17. und 18. Jahrhundert als Tatort für Duelle berühmt und berüchtigt. Charles II selbst galt als der Schirmherr des malerisch am Fluß gelegenen Gasthauses, amüsierte sich hier

Eine stille Gasse mit Geschichte

Weinlaube mit Themseblick

mit seiner Geliebten Nell Gwynne. James Thompson kehrte nach ausgiebigen Naturbetrachtungen für sein Epos »Jahreszeiten« gerne hier ein. Bereits von Fieber geschüttelt, schrieb er 1748 die »Alternativ«-Hymne »Rule Britannia« in einem Zimmerchen im Obergeschoß und starb dort wenig später. Das englische Biedermeier sah gelangweilte Regency-Dandys beim Verfassen satirischer Pamphlete, wann immer ihnen der Boden der Innenstadt zu heiß wurde.

An der kleinsten Bar der Welt

Gegen Ende des 18. Jahrhunderts machte das stets mondäne »Dove« die Mode der Kaffeehäuser mit, ohne allerdings mehr als den Namen in »Dove Coffee House« zu ändern. Die Inneneinrichtung der verschachtelten Räume mit der niedrigen Balkendecke, den rauhen Backsteinwänden, den offenen Kaminen, alten Stichen und einfachem Holzmobiliar ist bis heute unverändert geblieben. Lediglich eine Neuerung wurde vor nicht allzulanger Zeit eingeführt: Das »Dove« war das letzte britische Pub mit einem »dirt floor«, einem Boden aus festgestampftem Lehm. Bis vor etwa zehn Jahren, seither gibt es Holzplanken.

Ein Pub mit einer jahrhundertelangen Tradition legt auch Wert auf kulinarische Meriten: Am sehr appetitlichen Buffet sind neben den üblichen Sandwiches auch eine ganze Reihe von warmen Hauptgängen wie Huhn in Weißweinsauce, Lammnieren in Burgundersauce, Truthahneintopf, Schweinegeschnetzeltes »Stroganoff« zu haben. Sonntags ist das »Dove« beliebtes Ausflugsziel zum »Sunday lunch« – dreierlei Braten, Roastbeef, Lammkeule und Truthahn, stehen zur Wahl; das Fleisch von erstklassiger Qualität, die Gemüse noch knackig und mit intensivem Eigengeschmack, lediglich die Bratensauce ist etwas zu einheitlich. Dazu schmecken die guten

Hochwasser-rekordmarke

Hausweine ebenso wie ein frisch gezapftes Pint »Fullers London Pride« oder »Extra Special Bitter«, ob drinnen oder draußen.
Im Winter am flackernden Feuer, im Sommer aber unter Weinlaub auf der Terrasse am Fluß ließen es sich auch Graham Greene und Ernest Hemingway gutgehen – guten Whisky gab es im »Dove« zu jeder Zeit, und die glitzernde Themse mag Hemingway an sein Heim auf Key West erinnert haben. Daran, daß die Lage so nahe am unberechenbaren Strom nicht ungefährlich ist, erinnert eine Wasserstandsmarke: Hier stand die Flut am 7. Januar 1928 fast hüfthoch. Die Rekordmarke ist nicht zu übersehen in dem winzigen Raum, der noch weitere Superlative aufzuweisen hat – mit 4 Fuß 2 Inch (1,25 m) auf 7 Fuß 10 Inch (2,35 m) beherbergt er laut »Guinness Buch der Rekorde« die kleinste Bar der Welt! Und doch manchmal größere Gesellschaften: Den Überfüllungsrekord halten derzeit noch siebenundzwanzig kräftige, muskulöse und an Menschenknäuel gewöhnte Spieler eines Rugbyteams, die es geschafft haben, hier bei geschlossener Tür gleichzeitig ein Bier zu trinken. Ein Rekord, der wohl nicht mehr lange Bestand haben dürfte, denn schon hat sich ein Ruderclub mit, wie Manager Brian Lovrey ironisch sagt, »lauter kleinen, zierlichen Steuerleuten« angesagt. Übrigens, nicht nur dann bevölkern Ruderenthusiasten das »Dove«: Jeden Ostersamstag ist die Terrasse Logenplatz für die berühmte Ruderregatta von Putney Bridge nach Mortlake, den traditionellen Prestige-Wettkampf Oxford gegen Cambridge.

WINDSOR CASTLE

114 Campden Hill Road

Kensington

W 8

(U Notting Hill Gate oder High Street Kensington)

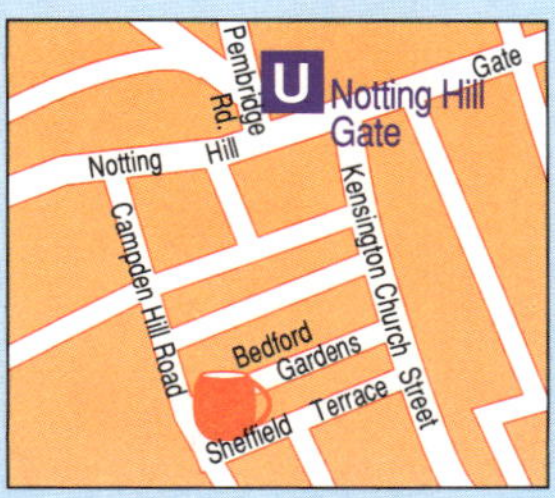

Öffnungszeiten

Mo–Sa

11.00–23.00 Uhr

So

12.00–15.00 Uhr

19.00–22.30 Uhr

Lunch täglich

12.00 bis 14.30 Uhr

Dinner täglich

außer Sonntag

17.30 bis 22.00 Uhr

Ambiente

★ ★ ★

Küche

★ ★

Landgasthof im Herzen von London

Als »Landgasthof im Herzen von London« firmiert das »Windsor Castle« – und das mit Recht. Als es 1845 erbaut wurde, lag das langgestreckte, niedrige Haus mit seinen schön geschnitzten Fensterrahmen und reich verzierten Eingangstüren am Rande der geschäftigen Großstadt, auf einem Hügel mit freiem Blick bis zum Schloß von Windsor. Heute dagegen umgeben vornehme Villen und Appartementhäuser des Nobelstadtteils Kensington das originalgetreu erhaltene Public House, erinnern nur noch vereinzelte Gärten und Bäume an die ländliche Idylle von damals – bis man das »Windsor Castle« betritt. Weder die gewandelten Vorstellungen der Innenarchitektur noch die (zumindest offiziell propagierte) Aufhebung der Klassenschranken haben im »Windsor Castle« ihre Spuren hinterlassen – hier ist alles noch so wie zur Gründerzeit.
Rund um den enormen Barcounter aus dunklem Sussex- und Hampshireholz erstrecken sich drei holzgetäfelte Bars: die schlichte, sehr traditionelle »Campden Bar«, die feinere »Sherry Bar« und schließlich die »Private Bar«, mit offenem Kamin und bequemen Fauteuils ausgestattet. Das Besondere daran: Jede Bar ist nur von außen, durch einen separaten Eingang zugänglich; gesellschaftliche Mischung im Innern war eben nicht nur verpönt,

sondern wurde auch baulich erschwert. Im Gegensatz zu vielen anderen Pubs wird hier an den hölzernen Trennwänden festgehalten, auch wenn man sich »seine« Bar längst nach Belieben aussuchen kann. Die reizvolle Dekoration aus Jagdgemälden, Kupferkannen und Edelnippes, die ebenso traditionellen wie bequemen Bänke, das sanfte Licht, vor allem aber der sehr freundliche und flinke Service schaffen eine gemütliche Atmosphäre, eine Erinnerung an das »Merry Old England« der Königin Viktoria.

Ein vierter Eingang führt in den mit efeubewachsenen Mauern umfriedeten Garten, der hinter dem Haus unter alten Bäumen liegt. Während in den Bars eher ältere Honoratioren, darunter Lords und Herzöge, verkehren, trifft sich hier draußen ein vorwiegend jüngeres, gehobenes Publikum, auf ein Glas Muscadet, Chablis, Rosé d'Anjou oder Macon, einen der trendgerechten Malt

Beliebt bei jungen Leuten: die Biergartenbar

Whiskys oder zum sorgfältig ausgebauten Bier von »Bass« und »Charrington«.

Ein friedlicher Biergarten, aber kein Friedhof, wie man angesichts von drei blumengeschmückten Grabsteinen an der hinteren Mauer annehmen könnte. Robbie (gestorben am 5.3.1939), William (3.8.1934) und Goofus (4.5.1938), die bei den Gästen ausgespro-

chen beliebt gewesen sein sollen und hier ihre letzte Ruhestätte gefunden haben, waren die Hausschildkröten der früheren Landlady.
Schildkrötensuppe hat aus Gründen der Pietät verständlicherweise nie auf der Karte des Pubs gestanden. Dennoch ist der Pubgarten als sommerlicher Treffpunkt zu Lunch oder Dinner beliebt. Die hausgemachten Spezialitäten wie Steak and Kidney Pie, Spinat- und Pilzlasagne oder Fettuccine in Nußsauce sind der Stolz von Köchin Josephine, die seit fünfzehn Jahren auch die Qualität der kalten Speisen wie Räucherlachs, Roastbeef, Pâté oder Fruchtauflauf mit Vanillesauce überwacht. Der beste Beleg für gute Arbeit ist die selbstbewußte Einladung auf der Speisenkarte: »Wenn Sie sich in der Küche umsehen wollen, fragen Sie einfach!«

WARRINGTON HOTEL

93 Warrington Crescent

Maida Vale

W 9

(U Warwick Avenue)

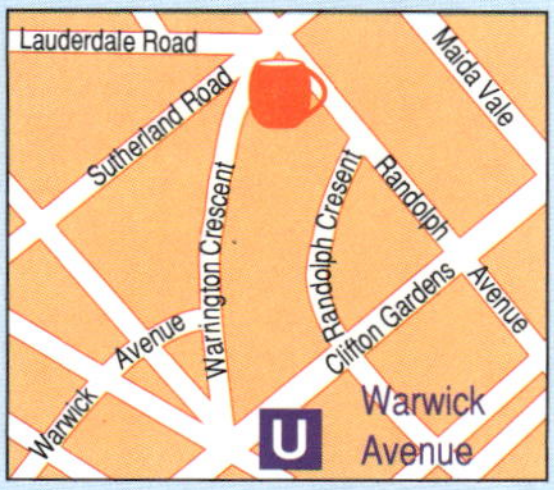

Öffnungszeiten

Mo–Sa

11.00–23.00 Uhr

So

12.00–15.00 Uhr

19.00–22.30 Uhr

Thailändisches

Restaurant im

Obergeschoß

Ambiente

★ ★ ★ ★

Küche

★ ★

Ehemals ein Luxusbordell, in dem Adel wie Klerus verkehrten…

Um Mißverständnisse erst gar nicht aufkommen zu lassen: beim »Warrington Hotel« handelt es sich nicht um einen Beherbergungsbetrieb, sondern um eines der schönsten Pubs Londons. Obwohl das Haus einstmals durchaus zum Benutzen seiner elegant und raffiniert ausgestatteten Schlafzimmer einlud… Die heute so noble Wohngegend rund um das »Warrington«, mit ihren reizvoll restaurierten klassizistischen Häusern, war um die Jahrhundertwende Londons beliebtester und belebtester »Rotlichtbezirk«. Grund und Boden in diesem Viertel gehörten damals nicht etwa irgendwelchen zwielichtigen Gestalten, sondern pikanterweise – der Church of England.

Auch am »Warrington Hotel« hat die englische Geistlichkeit sicher nicht schlecht verdient: Die Postkutschenstation vor dem Haus dürfte so manchen zu einem Stop-over in die weithin gerühmte Austernbar im Erdgeschoß verleitet haben; für den Fall aphrodisischer Wirkung standen im Obergeschoß Séparées und Edelkokotten zu Diensten. Nicht nur mit Schleiertänzen.

Daß das keine Gerüchte sind, erfahren wir von einer betagten Dame, die ein paar Häuser weiter geboren wurde und im »Warrington« Stammgast ist, so weit sie zurückdenken kann. »Yes, certainly«, sagt sie, so sei das gewesen, und Madame, die resolute Prinzipalin des High-Society-Bordells, habe immer da drüben am Marmortresen gestanden und die Gäste begutachtet respektive ausgewählt, wer nach oben durfte und wer nicht. Noch weiter ins Detail würde sie aber nicht gehen wollen, sagt sie und verweist schmunzelnd auf George Bernard Shaws »Mrs. Warren's Gewerbe«. Namensähnlichkeiten zum »Warrington Hotel« waren durchaus beabsichtigt…

Wer sich an der großen, mit Marmor gedeckten Theke bei einem Glas »Youngs«, »Arkells Best Bitter« oder »Fullers London Pride« auf ein Gespräch mit den älteren Stammgästen einläßt, bekommt noch heute so manche Geschichte zu hören. Zu viele anzügliche Anekdoten ranken sich um das gemütliche Public House, Storys, die auch das Königshaus nicht verschonen. Prinz Albert etwa, der angeblich treueste aller Ehemänner, habe hier Ihre Majestät, die Königin Viktoria, betrogen. Der Prinzgemahl ließ zwar seine Pferde diskret beim (heute nicht mehr existenten) Pub gegenüber anbinden. Doch die recht kurze Entfernung zum Buckingham Palace machte die Erklärung von der »Rast« auf der Reise nach Balmoral Castle, hoch oben in Schottland, schon damals reichlich unglaubwürdig....

Oder Lily Langtry, Geliebte von Alberts Sohn Edward VII. Auf dem Sims des beeindruckenden viktorianischen Kamins in der Saloonbar ist die leere Magnumflasche Champagner zu bewundern, die

Jugendstil – auch heute noch Stil der Jugend

Lilys letzten Genuß auf Erden enthielt – an der Qualität der dargebotenen Getränke habe das jähe Hinscheiden der leichtgeschürzten Schönen jedoch nicht gelegen, wie man uns mit typisch britischem Humor versichert. Nein, wendet ein anderer Gast ein, der es altersmäßig eventuell auch noch wissen könnte, nicht Lily Langtry habe die Flasche geleert, sondern der berühmte Music-Hall-Star Marie Lloyd...

In den Salons um die Bar geht es heute recht gesittet zu.

KP
DRY ROASTED PEANUTS
BRAKSPEARS

Eine ganz eigene, prickelnde Atmosphäre

Wie dem auch sei, einig sind sie sich wieder über den damaligen Erzbischof von Canterbury, dem ein amüsiert-anzügliches Lächeln gilt: Erstaunlich oft habe der Kirchenfürst seine Besitzungen rund ums »Warrington Hotel« inspiziert!

Die damals riesigen Stallungen zur Versorgung all der entspannungsuchenden Stop-over-Reisenden nach Schottland sind schon lange verschwunden; das berauschend reichhaltige Jugenstil-

Wunderbares Jugendstildekor und viel Marmor schaffen ein luxuriöses Ambiente.

dekor der einstigen Luxusabsteige blieb dagegen erhalten. Leicht anzügliche Wandmalereien, immer wieder geschnitzte Fisch- und Meeresfrüchtemotive, viel Marmor, flauschige Teppiche auf dem Mosaikfußboden und die Verwendung von Täfelungen aus warmem, gut poliertem Holz, das nach dem Abwracken des Luxusliners »Mauretania« hier seinen Platz fand... all das gibt diesem Pub immer noch eine einzigartige, prickelnde Atmosphäre, auch wenn das »Warrington« natürlich längst ein hochanständiges Haus geworden ist.

Die weit ausladende Treppe führt nicht mehr zu Champagner und Austern, sondern in einen luftigen Speisesaal, in dem thailändische Gerichte serviert werden. Und unten, in den Salons rund um die Bar, geht es ebenfalls gesittet zu – trotz der ungewöhnlich breit gestreuten Gästemischung: von jungen, exzentrischen »Westendern«, die im Sommer lautstark den Biergarten und den halben Kreisverkehr vor dem »Warrington« bevölkern, bis hin zu honorigen Ur-Londonern sind hier sämtliche denkbaren Altersgruppen und Gesellschaftsschichten vertreten.

Offenbar gefällt sie allen, die Philosophie des »Warrington Hotel«: eine kleine, aber klassische Karte mit günstigen, bodenständigen Gerichten, gut gepflegte Biere in großer Auswahl und ein Ambiente, das bis zu den »last orders« fesselt!

THE CLIFTON

96 Clifton Hill

St. John's Wood

NW 8

(U Maida Vale oder St. John's Wood)

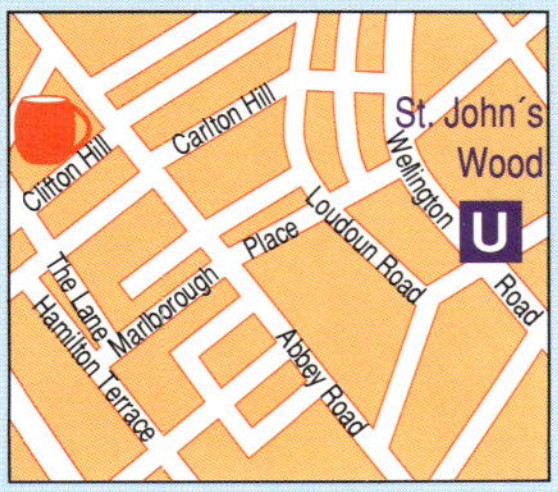

Öffnungszeiten

Mo–Do

11.00–15.00 Uhr

17.00–23.00 Uhr

Fr/Sa

11.00–23.00 Uhr

So

12.00–15.00 Uhr

19.00–22.30 Uhr

Lunch täglich

bis 14.30 Uhr

Dinner täglich

bis 22.00 Uhr

Ambiente

★ ★ ★

Küche

★ ★

St. John's Wood ist das Viertel, wo die meisten Londoner gerne wohnen würden – so sie nicht bereits im noch begehrteren Knightsbridge, in Mayfair oder Belgravia ansässig sind. 1837 erbaut als Wohnhaus eines Kaufherren, bot das »Clifton« später ideale Voraussetzungen, um für Großbürger und Geldadel ein diskretes Pub zu eröffnen: Versteckt gelegen, in einer sehr respektablen Gegend und kaum eine Meile entfernt vom damaligen Rotlichtbezirk der Randolph Avenue.

Nicht ohne Süffisanz zeigt die Speisekarte die Porträts von König Edward VII und Königin Alexandra – immerhin pflegte sich der König hier mit seiner angebeteten Lily Langtry auf ein Glas Champagner und mehr vor dem lodernden Kaminfeuer zu treffen. So sehr setzte seine Majestät auf die Diskretion des »Clifton«, daß er gemeinsam mit der schönen Lily Beweise für die gemeinsamen Unternehmungen hinterließ – ihre Unterschriften auf Bildern und Grußkarten sind heute noch zu sehen.

Diskreter Treff für einen König

Die Gäste von heute finden ihr Vergnügen in einem gepflegten Ambiente bei »Taylor Walker« oder »Tetley's« Bieren, einem Glas Chablis oder Burgunder. Zum Speisen geht es in das reizvolle Wintergartenrestaurant. Die Karte ist zwar betont französisch aufgemacht, präsentiert aber typisch britische Klassiker wie cornische Krabbenpastete, Lammsteak, in Butter gebratene Dover-Seezungen oder Lachsforelle mit Hummersauce.

Der Wintergarten ist recht modern gestaltet, doch an die alten Zeiten von Edward und Lily erinnert noch manches im »Clifton« – die für Pubs ungewöhnlich große Champagnerauswahl etwa. Oder auch das diskret-unauffällige Äußere: Selbst Taxifahrer finden das Haus nicht immer auf Anhieb.

CROCKERS

24 Aberdeen Place

Maida Vale

NW 8

(U Warwick Avenue)

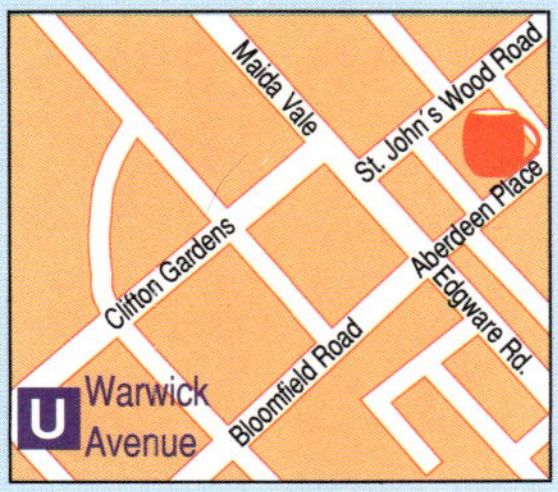

Öffnungszeiten

Mo–Sa

11.00–23.00 Uhr

So

12.00–15.00 Uhr

19.00–22.30 Uhr

Lunch täglich

12.00 bis 14.30 Uhr

Dinner täglich

18.00 bis 21.45 Uhr

Ambiente

★ ★ ★ ★

Küche

★ ★

Eigentlich eine sehr traurige Geschichte, die Geschichte des Frank Crocker und seiner geplatzten Träume. Es fing alles mit der Eisenbahn an: Der technische Fortschritt am Ende des vergangenen Jahrhunderts brachte mehr und mehr Reisende nach London und kanalisierte ihre Einfallsrouten. Mit diesen Menschenströmen müßte doch ein Geschäft zu machen sein, dachte sich der clevere Gastronom Crocker, erkundigte sich beim Bezirksamt Marylebone nach dem geplanten Standort des neuen Nordbahnhofs und kaufte im benannten Areal ein Grundstück mit der Lizensierung für ein Pub mit Hotel. Schlecht war die Gegend ja nicht, mitten im reizvollen, wenn auch stillen Maida Vale, um die Ecke vom berühmten Lord's Cricket Ground. Das wahre Geschäft aber sollten ja die Reisenden bringen.

Gelungenes Ergebnis eines fatalen Irrtums...

Seinen künftigen Erfolg vor Augen, sparte Frank Crocker an nichts. Das Eindrucksvollste an Belle-Époque-Dekor war gerade gut genug – Marmorkamine, Marmortreppen, eine Marmortheke, eine komplette Marmorbar! Statt kleiner Räumchen wurden regelrechte Staatssalons gebaut, mit kunstvoll ornamentierten Stuckdecken, Marmorsäulen, Bronzereliefs, ornamentreich geschliffenen Glasfenstern, üppig verzierten Mahagonitüren... Als Frank Crocker schließlich sein prachtvolles Werk erschöpft, finanziell zwar am Ende, aber überaus glücklich betrachtete, wurde ihm eine unfrohe Botschaft überbracht: Die Eisenbahnstation – sie wird zwei Kilometer entfernt in Richtung Innenstadt gebaut. Aus der Traum! Frank Crocker gönnte sich einen letzten Blick auf sein Werk, stieg aufs Dach und stürzte sich todesmutig in die Tiefe.

Gepflegte Marmorpracht gefällt auch Damen.

Er hätte lieber die Nerven bewahren und sich ein Pint Bier gönnen sollen – der Prunkbau wurde auch ohne den Bahnhof zu einem Erfolg! Erst nannte man ihn zwar »Crocker's Folly«, wegen der »Verrücktheit« des Bauherrn, erkannte aber doch bald seine Leistung und taufte den Gasthof respektvoll in »Crockers« um. Seit damals hat der Zahn der Zeit ein wenig an dem denkmalgeschützten Pub genagt. Dennoch ist es wohl nach wie vor das prächtigste in ganz London!

Daneben bietet es eine recht gute Küche, etwa Truthahnragout, Tafelspitz in Meerrettichsauce, Lammkoteletts in Minzsauce oder Fischauflauf, vor allem aber eine reiche Auswahl an auch ungewöhnlicheren Real Ales. Am stimmungsvollsten läßt sich ein »Arkell Kingsdowne Ale«, »Boddingtons«, »Brakspears«, »Marstons Pedigree«, »Rayments«, »Ward Sheffield«, »Vaux Samson« oder aber das leicht orangetönige Hausbier »Crockers Best« abends, im Schein der Jugendstillampen und des Kaminfeuers, genießen. Nur zu verständlich, wenn es stimmt, was man sagt: daß Frank Crockers Geist sich oft dazugesellt.

SPREAD EAGLE

141 Albert Street/Ecke Parkway

Camden Town

NW 1

(U Camden Town)

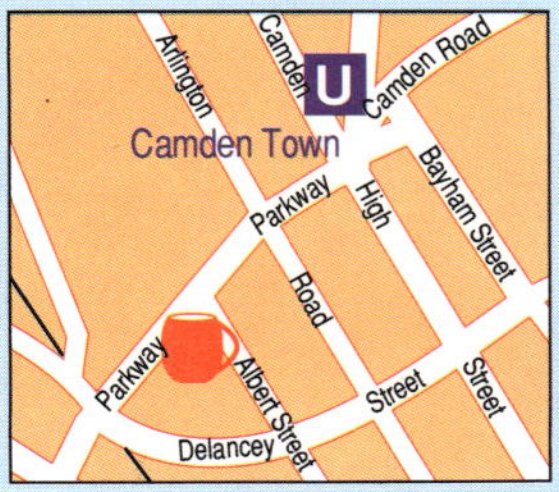

Öffnungszeiten

Mo–Sa

11.00–23.00 Uhr

So

12.00–15.00 Uhr

19.00–22.30 Uhr

Lunch täglich

12.00 bis 14.30 Uhr

Dinner täglich

17.30 bis 22.00 Uhr

Ambiente

★ ★

Küche

★ ★

Auch im »Spread Eagle«…

In den sechziger Jahren boomte die Carnaby Street, in den siebzigern die Kings Road in Chelsea, die achtziger entdeckten Notting Hill und die Portobello Road – im letzten Jahrzehnt unseres Jahrhunderts swingt London in Camden Town. Jazzcafés, asiatische Restaurants, italienische Delis, Antiquitätenläden, elegante Modegeschäfte und punkig-schrille Shops geben dem Parkway im Zentrum von Camden Town das kosmopolitische Äußere. Inmitten des bunten, schnellebigen und internationalen Treibens: die gepflegte, gediegen britische Fassade des »Spread Eagle«.

Um die Jahrhundertwende gab es hier lediglich ein winziges Ein-Raum-Gasthaus. Nach und nach wurden der benachbarte Kolonialwarenhandel und der Milchladen angekauft, um das Pub auf seine heutige Größe zu erweitern.

Der »Spread Eagle«, der Adler mit gespreizten Flügeln, ist seit den Zeiten der Römer als Wappentier des englischen Adels beliebt – das Pub macht seinem Namengeber durch elegante Ausstattung und gepflegte Getränke alle Ehre.

Real Ales von »Youngs«, eine engagierte Weinkarte sowie eine ganze Reihe hervorragender Malt Whiskys (Glenmorangie, Laphroaig, Highland Park, Knockando, Glen Grant, The Glenlivet, Glenfiddich) stellen auch den verwöhnten Gast zufrieden. Die engagierte Küchenlinie bemüht sich nicht nur um Klassiker wie Chicken Kiew oder das wunderbar zarte, süß-saure Cherry Pie. Mit Blick auf den weltoffenen Schmelztiegel Camden Town wagt man sich mit Erfolg auch an chinesische Frühlingsrolle, Hummerkrabben nach japanischer Art, Schinkenrisotto, Lasagne oder Truthahnfrikassee. Im Trubel Camden Towns kann man ruhig mal eine Rast im »Spread Eagle« einlegen.

…swingt Camden Town.

FLASK TAVERN

14 Flask Walk

Hampstead

NW 3

(U Hampstead)

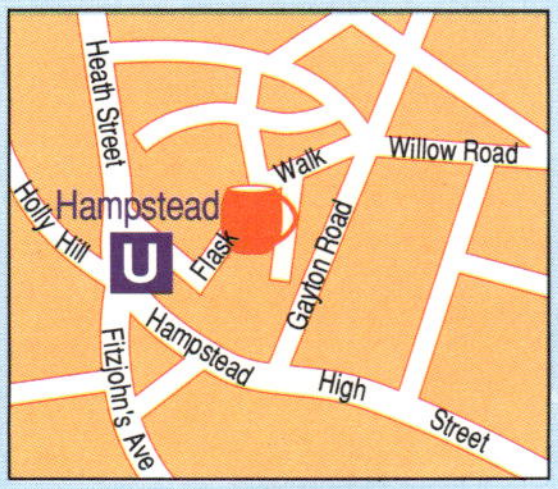

Öffnungszeiten

Mo–Sa

11.00–23.00 Uhr

So

12.00–15.00 Uhr

19.00–22.30 Uhr

Lunch täglich

12.00 bis 14.30 Uhr

Dinner täglich

17.30 bis 22.00 Uhr

Ambiente

★ ★ ★

Küche

★ ★

Hampstead heute: Umgeben von teuren Villenvierteln (hier wohnt beispielsweise der Sultan von Brunei) hat sich das Hampstead Village seinen fast dörflichen Charakter bewahren können. Entlang der High Street wechseln sich Boutiquen, Parfümerien, Antiquitätenshops und Buchläden ab, und in den Seitenstraßen kommt es dem bummelnden Besucher vor, als sei die Zeit stehengeblieben. Schmale Gäßchen mit Kopfsteinpflaster, altmodische Metzgerläden und Antiquariate, wohlproportionierte Häuschen und – natürlich – ein Pub.

Mineralwasser gibt es natürlich auch…

Der Name »Flask Tavern« stammt aus der Zeit, als Mineralquellen Hampstead zum beliebten Kurort der Londoner machten. Die 1692 gegründete Hampstead Water Company nutzte das Public House als Verkaufsort für »Flasks«, frisch gefüllte Wasserflaschen. Dr. Samuel Johnson und der Romancier Samuel Richardson, der Maler Constable und der Dichter Keats waren bald Stammgäste. Das einstige Dorf wurde zum bevorzugten Wohnviertel erfolgreicher Künstler und Musiker. Der »Flask Tavern« bescherte das gutbetuchte Stammgäste und künstlerisches Flair – bis heute.

Mitglieder des London Symphony Orchestra stimmen sich hier ebenso gerne auf ihre Konzerte ein wie die unweit wohnenden Popstars Boy George und George Michael. Die Schauspieler John Hurt und Robert Powell genießen hier ihre Pints »Youngs« Bier, und Kingsley Amis erholt sich in der plüschigen Saloonbar von der Anstrengung, ein Bestsellerautor zu sein. Kontinuierliche Renovierungs- und Erhaltungsmaßnahmen haben den komfortablen Charakter der »Flask Tavern« bewahrt. Zuletzt wurde ein heller, luftiger Wintergarten mit engagierter Winebar und empfehlenswertem Restaurant angebaut.

SPANIARDS INN

Spaniards Lane

Hampstead

NW 3

(U Hampstead)

Öffnungszeiten

Mo–Sa

11.00–23.00 Uhr

So

12.00–15.00 Uhr

19.00–22.30 Uhr

Lunch täglich

12.00 bis 15.00 Uhr

Dinner täglich

18.00 (So 19.00)

bis 21.30 Uhr

Ambiente

★ ★ ★

Küche

★ ★

Die Parklandschaft von Hampstead Heath war nicht immer friedvolles Ausflugsziel erholungssuchender Londoner oder Kurbad für kränkelnde Städter. Unter der Regierung der ersten Elizabeth und ihrer Nachfolger, im 16. und 17. Jahrhundert also, galt die weite Heide im Norden Londons als verrufenes und gefährliches Gebiet, heimgesucht von zahlreichen Wegelagerern und Räubern. Der berühmteste von ihnen war Dick Turpin, einer seiner Schlupfwinkel war das 1588 zwischen Hampstead und Highgate erbaute »Spaniards Inn«.

Angeblich einst Landsitz des spanischen Botschafters am Hof von Jacob I wurde das schlichte, aber doch herrschaftliche Gebäude von zwei spanischen Brüdern zur Schenke umgewandelt. Das recht einträgliche Geschäft brachte den beiden kein Glück – beide liebten das gleiche Mädchen, es kam zum Duell.

Einer von ihnen starb, der andere mußte fluchtartig die Britischen

Der »Spanier«, ganz und gar britisch

Inseln verlassen. Verschiedene Besitzer folgten, etwa der königstreue Mr. Mansfield, dessen persönliche Tapferkeit zur Niederlage einer Gruppe von Rebellen führte. Ihre von ihm konfiszierten Waffen sind heute noch in der attraktiven Hauptbar mit ihrer niedrigen Holzdecke und dem prachtvollen offenen Kamin zu bewundern.

Beliebtes Ausflugsziel der Londoner: der Rosengarten

So wechselhaft und bunt die Geschichte des »Spaniards Inn«, so reizvoll auch die Schar der Gäste über die Jahrhunderte. Vor allem Dichter zog das romantische Anwesen an: Oliver Goldsmith, Percy und Mary Shelley, John Keats, Lord Byron und Charles Lamb fan-

den hier die geeignete dichterisch-dichte Atmosphäre. Natürlich fehlte in späteren Jahren auch der notorische Pubfreund Charles Dickens nicht, der den Garten des »Spaniards« in den »Pickwick Papers« als Schauplatz von Mrs. Bardells Teeparty verewigte. Sir Joshua Reynolds nutzte den reizvoll angelegten Garten auf seine Art, als Hintergrund für einige seiner Gesellschaftsporträts.

Stammgast in »seinem« Spaniards: Pubmaler Jack Rolfe

Viel hat sich im ländlichen Inn nicht geändert seit dieser Zeit; noch immer ist der Teegarten ein gepflegtes Stückchen Erde mit schattigen Pergolen, Rosenbeeten und einer Vogelvoliere. In den zahlreichen Gastzimmerchen oder dem ruhigeren »Turpin's Room« im ersten Stock findet sich immer noch ein Plätzchen auf einer der bequemen Bänke, in der kalten Jahreszeit prasseln wärmende Feuer in den Kaminen des gastfreundlichen Hauses.

Hausherrin Philippa Kendall liegen besonders die breite Auswahl an Real Ales am Herzen; außer den Standards »Charrington« und »Bass« kann der anspruchsvolle Bierliebhaber auf »Youngs Special«, »Fullers London Pride«, das seltene »Highgate Mild« und als Besonderheit auf »Stones Cask Beer« zurückgreifen, ein leichtes, im Eichenfaß gereiftes Bier aus den Midlands. Auch die Menüs verraten die Hand eines weiblichen Chefs: Neben Sandwiches, Huhn nach Jägerart, Shepherds Pie, warmer Fleischpastete, Rindfleischcurry und zwei tagesaktuellen Fleischgerichten werden auch vegetarische Hauptgänge angeboten, beispielsweise vegetarische Moussaka, Champignon-Quiche oder Brokkoli-Nudel-Auflauf.

THE FLASK

77 Highgate West Hill

Highgate Village

N 6

(U Highgate oder Archway, dann Bus zum Highgate Village)

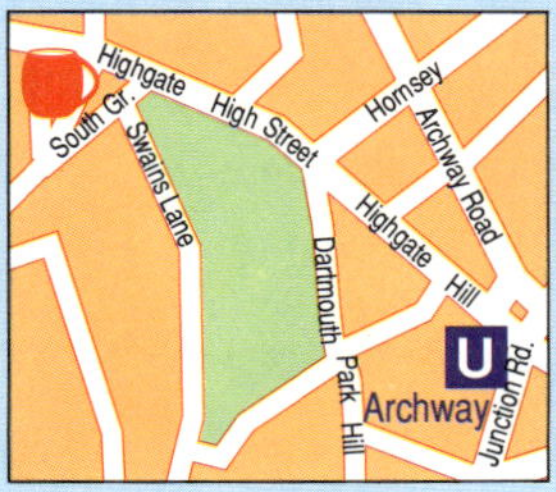

Öffnungszeiten

Mo–Sa

11.00–23.00 Uhr

So

12.00–15.00 Uhr

19.00–22.30 Uhr

Lunch täglich

bis 14.30 Uhr

Dinner täglich

bis 22.00 Uhr

Ambiente

★ ★ ★ ★

Küche

★ ★ ★

Hoch auf den Hügeln von Highgate…

Vom »Spaniards Inn« waren es nur einige Minuten gestreckter Galopp für Dick Turpin, um einen anderen seiner Schlupfwinkel zu erreichen: das »Flask«. Die Verstecke und unterirdischen Fluchtwege des weitläufigen Gebäudes waren so gut getarnt, daß der letzte Geheimgang erst vor dreißig Jahren entdeckt wurde – bis dahin hatte ihn lediglich der Mieter einer Wohnung über den Ställen gekannt – und genutzt, um seinen Privatbedarf »à la Dick Turpin« aus dem Pubkeller zu decken (trotz der hier spukenden Lady namens Grace, die das Pub des Nachts umräumt oder Flaschen aus Regalen befördert – angeblich).

Sicher ist dagegen, daß der in Highgate begrabene Karl Marx und sein Freund Engels ihren kapitalen Frust nicht selten im »Flask« ertränkt haben. Auch der Maler William Hogarth war hier Stammgast, bis er als Zeuge einer Schlägerei seine Eindrücke im Skizzenbuch festhalten wollte und dadurch beide Parteien gegen sich aufbrachte.

…ein gastliches Haus mit kleinen, gemütlichen Räumen

Heute geht es friedlich zu an den Bars, in den verwinkelten Räumen und auf der beliebten Sonnenterrasse. Die Gäste der heutigen Zeit interessieren sich mehr für die angenehmen Seiten des Lebens. Für Real Ales wie »Burton Ale«, »Taylor Walker«, »Tetleys« oder »Youngs Best Bitter«. Oder für die hervorragende Pubküche des »Flask«, die die alten Traditionen des Pubfood im modernen Gewand wieder hochleben läßt. Über dem Genuß eines perfekt zubereiteten Steak und Kidney Pie sollte man die so selten gewordenen, aufwendigen Desserts nicht vergessen: köstlicher Schokoladengâteau, luftigleichter Hot Treacle Sponge oder der dem Strudel verwandte »Spotted Dick« mit Rosinenfüllung und Aprikosensauce.

THE ALBION

10 Thornhill Road

Islington

N 1

(U Angel oder Highbury and Islington)

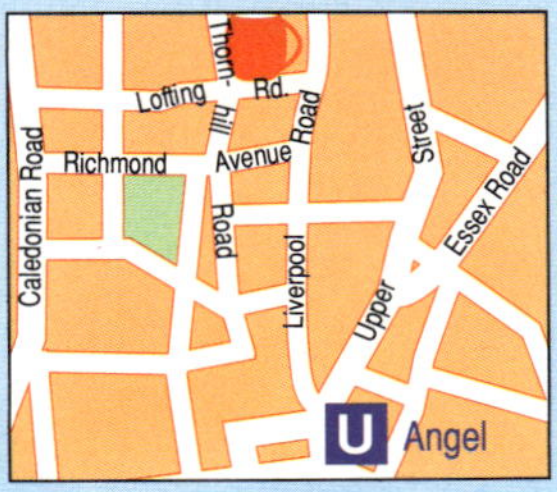

Öffnungszeiten

Mai bis September:

11.00–23.00 Uhr

Sonst:

Mo–Do

11.00–15.00 Uhr

17.30–23.00 Uhr

Fr/Sa

11.00–23.00 Uhr

Sonntag ganzjährig:

12.00–15.00 Uhr

19.00–22.30 Uhr

Ambiente

★ ★ ★

Küche

★ ★ ★

Islington lädt zu Sommerspaziergängen ein. Vor allem die stillen Straßen des vornehmeren Teils im Norden. Rosenduft liegt in der Luft – eine ländliche Villengegend, die Ruhe und Inspiration abseits der Touristenströme bietet. Eines der klassizistischen Häuschen, romantisch mit Efeu bewachsen, ist das den alten Namen Englands tragende »Albion«. Ehemals bescheidene Poststation aus georgianischer Zeit, heute Pub, Bar, Tearoom und gepriesenes Restaurant, im Sommer vor allem aber schattige Gartenwirtschaft. Unter bewachsenen Pergolen und Sonnenschirmen reihen sich rustikale Pubbänke, weiß lackierte Sitzgruppen aus schwerem Gußeisen und durstige Kehlen.

Für kühle Tage: das Kaminzimmer

In der Hitze eines Hochsommertages schmeckt das »Ruddles» und »Websters« besonders erfrischend, aber mitunter ziehen selbst eingefleischte Real-Ale-Fans ein eisgekühltes Lager aus der deutschen Holsten-Brauerei den lediglich kellerkühlen Ales vor. Die Standardkarte konzentriert sich auf Fisch, Steak und Salate, ergänzt durch Tagesangebote. Gegen Abend wird im Garten der Grill angeheizt; Hummerkrabben, Fischspieße und natürlich dicke, gut abgehangene Steaks für hungrige Gäste.

Wenn die »last bell« läutet und die Luft merklich abgekühlt ist, nimmt man den letzten Drink am besten in einem der gemütlichen Räume des Pubs. Bequeme Polstersessel im Kaminzimmer, behagliche Bänke im Hauptraum, das rustikale Hinterzimmer mit seiner golden glitzernden Messingsammlung oder der elegante Teesalon mit den offenen französischen Fenstern zum Garten hin...

Das »Albion« ist hauptsächlich in der warmen Jahreszeit ein beliebtes Ziel, weniger im Spätherbst und Winter, dann schließt das Pub an den Nachmittagen.

THE EAGLE TAVERN

Shepardess Walk/Ecke City Road

Clerkenwell

N 1

(U Old Street)

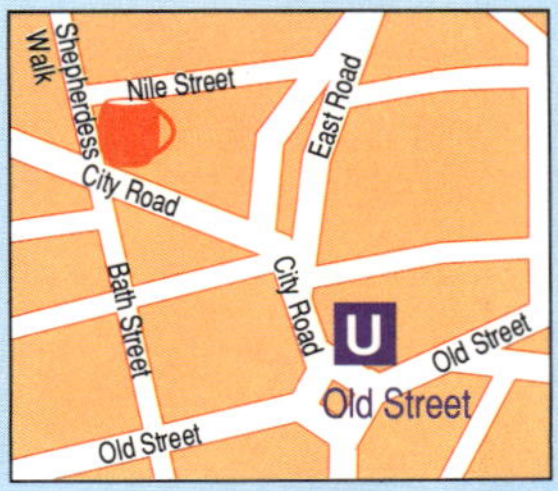

Öffnungszeiten

Mo–Do

11.00–15.00 Uhr

17.00–23.00 Uhr

Fr

11.00–23.00 Uhr

Sa/So geschlossen

Ambiente

★

Küche

★

Den Namen dieses Pubs kennt jedes englische Schulkind aus einem berühmten Kinderlied. Angespielt wird darin auf die unbeliebte Finanzierungsart, Wertgegenstände beim Pfandleiher zu deponieren (to pop), um einige Pints im Pub bezahlen zu können – und auf die Ursachen dieser Transaktionen: »The Eagle«.

Up and Down the City Road
In and Out »The Eagle«
That's the Way the Money goes
Pop goes The Weasle…

Zur Zeit als dieses Lied entstand, war die »Eagle Tavern« Teil eines beeindruckenden Komplexes aus Pub, berühmter Music Hall und einem Vergnügungspark mit venezianischer Gartenanlage, Springbrunnen, Spiegelkabinett, Konzerttempel, Panoptikum und einem großen, gern besuchten Ballsaal. Unwiderstehlich für viele, die es sich eigentlich nicht leisten konnten. Und wie geschaffen für die Bekehrungsversuche der Heilsarmee, die sich der darin verkehrenden armen Seelen tatsächlich angenommen hat. Allerdings nicht nur mit erbaulichen Liedern – die Heilsarmee kaufte und betrieb die »Eagle Tavern« vorübergehend.

Ein Pub in aller Munde

Als das Hauptgebäude am Ende des 19. Jahrhunderts einem Brand zum Opfer fiel, war das Schicksal der »Eagle Tavern« besiegelt. Der Wiederaufbau von 1901 bewahrt nur noch einige Details aus der einst so verschwenderischen Dekoration, die Vergangenheit läßt sich auf alten, verblichenen Fotos erahnen. Aus dem gesellschaftlichen Zentrum der nördlichen City ist längst ein immer noch vielbesungenes, aber dennoch normales, gemütliches Pub mit freundlichem Service, bodenständiger Küche und gutem Bier geworden.

HOLLANDS

9 Exmouth Street

Stepney

E 1

(Bus 15 Richtung East Ham oder 15 B Richtung Upton Park)

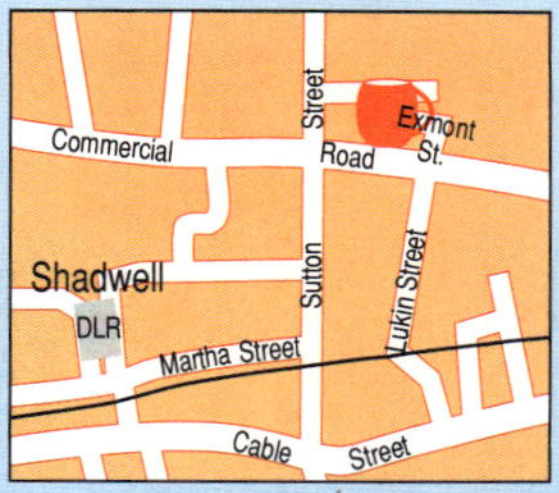

Öffnungszeiten

Mo–Sa

11.00–23.00 Uhr

So

12.00–15.00 Uhr

19.00–22.30 Uhr

Ambiente

★ ★ ★ ★

Küche

★ ★

Die Buslinie 15 gilt als preisgünstigste und gleichzeitig schönste »Sightseeing-Tour« Londons. Vom Marble Arch geht es durch die Bond Street zum Oxford Circus, die Regent Street hinunter zum Piccadilly Circus, über den Trafalgar Square nach Charing Cross, Strand und Fleet Street entlang zur St. Paul's Cathedral, vorbei am Tower, immer Richtung East End. In der Mitte der Commercial Road lohnt es sich auszusteigen, bis zur Exmouth Street zu gehen und in einer der schönsten und urigsten viktorianischen Pubsehenswürdigkeiten einzukehren: im »Hollands«.

Prachtpub im East End

William Reuben Holland hat das Pub 1843 gegründet, das bis in unsere Tage von seinen Nachfahren geführt wurde. Von Anfang an wurde das damals »Exmouth Arms« genannte Pub von Cockney-Familien angenommen.

Trotz der Nähe zu den Docklands, der Hafengegend, ging es hier schon immer eher familiär zu. Schlechtes Betragen war verpönt, lautstarke Zechgelage ebenso. Den Gästen wurde dafür etwas ganz anderes geboten: viktorianische Atmosphäre und Innenarchitektur par excellence.

Viktorianische Kaminkunst im Hinterzimmer

Das prächtige Dekor ist immer einen Abstecher wert.

Wohnzimmerähnliche kleine Räume mit Kaminen, viktorianischen Fotografien, Spiegeln, Lampen, gemütlichem Mobiliar... üppiger dekoriert als die meisten Weihnachtsbäume. Nicht zu vergessen die von zwei Räumen aus zugängliche Bar mit ihren »snob-screens« und der alten Registrierkasse – die Königin der Londoner Pubbars. Das von außen so unscheinbare Gebäude hat sich ein unvergleichlich prächtiges Dekor bewahrt. Und die gute Stimmung. Nur der Name hat sich geändert: Seit 1970 heißt das Pub wie die Familie, Holland. Diese Tradition mußte 1991 gebrochen werden. John Holland, Ururenkel des Gründers, setzte sich kinderlos zur Ruhe. Die Brauerei »Youngs« kaufte das Pub und bestimmte den langjährigen Manager und alteingesessenen Eastender Mick Callaghan zum Nachfolger. Nun steht er dafür, daß alles beim alten bleibt, pensionierte Docklanders auch weiterhin erzählend in Erinnerungen schwelgen und spontan die alten Cockneylieder singen, wie wir es erleben konnten.

FIVE BELLS & BLADEBONE

27 Three Colt Street

Limehouse/Docklands

E 14

(Dockland Light Railway: Westferry)

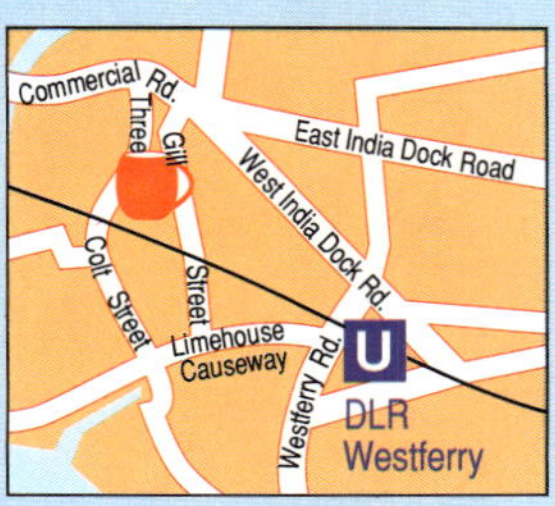

Öffnungszeiten

Mo–Sa

11.00–23.00 Uhr

So

12.00–15.00 Uhr

19.00–22.30 Uhr

Lunch täglich

bis 14.30 Uhr

Dinner täglich

bis 22.00 Uhr

Ambiente

★ ★ ★

Küche

★

Was hat das »Five Bells & Bladebone« in seiner Geschichte nicht alles miterlebt: Wenn man einem früheren Vikar der gegenüberliegenden berühmten Kirche St. Anne's Glauben schenkt, dann ist es mehr als fünfzig Jahre älter als das bislang nachweislich älteste Pub Londons, das »Prospect of Whitby«, wäre damit also gegen 1470 das erste Mal erwähnt.

Fünf Glocken: Inspiration für einen Krimi

Über fünfhundert Jahre Hafengeschichte, das bedeutete märchenhafte Erzählungen aus fernen Ländern, neue, nie gesehene Produkte aus allen Himmelsrichtungen, Abenteuer, Träume, aber auch dunkle Geschäfte im Schutz des quirligen, kaum kontrollierbaren Geschäftsbetriebs. Die umliegenden Straßen tragen seltsame, aus dem Handel übernommene Namen wie »Hammelschulterallee«, »Lachsgasse«, »Gerstenkornweg« oder »Seilmacherfeld«. Auch das Pub bekam seinen Namen nach Docklandmanier: Die »Five Bells«, das fünfmalige Schlagen der Schiffsglocken, signalisierte den Arbeitern traditionell das Ende der Mittagspause um 14.30 Uhr.

1809 wurde das mittelalterliche »Five Bells« abgerissen und während der nächsten beiden Jahre in der heutigen Form wieder aufgebaut. Beim Ausbau des neuen Kellers fand sich das Schulterblatt eines Ochsen in der Baugrube – kein Wunder, schließlich hatten in der Three Colt Street seit Jahrhunderten Metzger Pökelfleisch als Schiffsproviant hergestellt. Warum auch immer, den damaligen Inhaber beeindruckte der Fund so sehr, daß er sein neueröffnetes Pub »Five Bells & Bladebone« nannte. Das Schulterblatt hängt heute noch neben den Schiffsglocken über der Bar.

In den letzten Jahren kam das Pub auch zu literarischen Ehren – die amerikanische Bestsellerautorin Martha Grimes nannte einen

Bewahrer einer Docklandtradition: Andrew McKillop

in den Docklands spielenden »Inspektor Jury«-Krimi nach dem Pub. Jimmy Trotter, seit fünfzehn Jahren Pächter des »Five Bells«, hat sich im Buch wiedererkannt. »Da vorne«, sagt er stolz und zeigt auf eine bequeme, mit Samt bezogene Bank, »da hat Mrs. Grimes wochenlang jeden Tag gesessen, die Gäste beobachtet, sich Notizen gemacht und alles dann im Krimi verwendet.«

Auch wir sind beeindruckt von der Ausstrahlung dieses authentischen Docklandpubs. Die kürzliche Renovierung hat die reiche Nautikadekoration mit neuem Glanz erfüllt, die zahlreichen Vergoldungen strahlen mit den altmodischen Lampen um die Wette, und über der Bar glänzt frischpoliert der kunstvolle Motivspiegel, der das nahe dem West India Dock gelegene »Five Bells« fälschlicherweise in die Nähe des East India Dock rückt. »Tja«, meint Jimmy Trotter, »der Spiegel war das letzte Werk eines Spezialisten, der starb, bevor der Fehler berichtigt werden konnte. Danach gab es niemanden mehr, der diese alte Technik beherrschte – na, dann bleibt es eben so.«

Hier blieb manches so, wie es war, als die Docklands noch nicht Schlafstadt der Londoner Yuppies, sondern wildester, frechster und freiester Teil der Millionenstadt waren. Wo es in Pubs wie dem »Five Bells« nur traditionelles »Pub Grub« wie panierte Scholle, Würstchen, Fleischpies und Chips gab, wo das Bier noch bezahlbar und die Auswahl an harten Spirituosen ungewöhnlich groß war. Für das »Five Bells & Bladebone« gilt das heute noch so – und damit es so bleibt, hat der clevere Schotte Jimmy seinen Schwiegersohn Andrew McKillop zum Nachfolger bestimmt.

TOWN OF RAMSGATE

62 Wapping High Street

Wapping

E 1

(U Wapping)

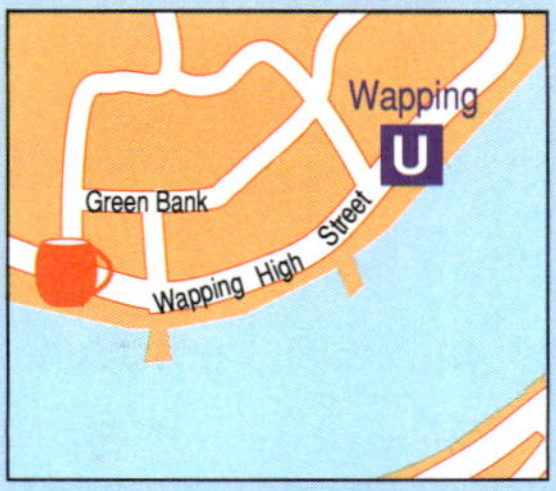

Öffnungszeiten

Mo–Sa

11.00–15.00 Uhr

17.30–23.00 Uhr

So

12.00–15.00 Uhr

19.00–22.30 Uhr

Lunch täglich

bis 14.30 Uhr

Dinner täglich

bis 22.00 Uhr

Ambiente

★ ★

Küche

★ ★

Schaurig hallen die Schritte auf dem Kopfsteinpflaster der einsamen Hauptstraße von Wapping. In dem Hafenviertel an der Themse und seinen lange Zeit verwaisten und heruntergekommenen Lagerhallen wurde zwar aufgeräumt, doch aus den verschlafenen Docklands wurde bisher kaum mehr als eine Schlafstadt für reiche Londoner. Kaum ein Laden, kein Café. Fast menschenleer. Ohne das »Town of Ramsgate« hätte dieser Teil Londons seine Vergangenheit – und damit die Zukunft – wohl vollends verloren. So

Schaurig-schön: Geschichte und Geschichten

aber ruft das kleine, bescheidene Eckpub mit seiner langen, schmalen Bar, der vom Alter dunkel gewordenen Eichentäfelung, den bequemen, mit grünem Samt bezogenen Bänken und den hochlehnigen Stühlen die unruhige Vergangenheit ins Gedächtnis zurück: Rote Lampenschirme sorgen für ein schaurig-schönes Licht, alte Stiche zeigen Limehouse und Wapping zu der Zeit, als Jack the Ripper hier umging.

Ein Pint »Fullers London Pride«, »Charrington« oder »Bass« sorgt für die nötige Abenteuerlust, die Umgebung des Pubs zu erforschen. Gleich nebenan führen glitschige, ausgewaschene Steinstufen zum dumpf glucksenden Fluß hinunter. Die »Wapping Old Stairs« waren schon mehr als einmal Schauplatz eines Mordes, nicht nur im Kriminalroman. Der hölzerne Galgen, der die kleine

Düstere Vergangenheit in einem kleinen Pub an der Ecke

Pubterrasse am Fluß überragt, macht die Szene noch unheimlicher. Keine Sorge, hier hing bis vor einigen Jahren nur das Pubschild, um auch Flußschiffpassagiere auf das unscheinbare Gebäude aufmerksam zu machen.

Aber so weit hergeholt ist die Ahnung nicht: Hier stand vor Jahrhunderten tatsächlich ein Galgen. Für weniger bedeutende Straftäter, zu »kleine Fische« für die große Show der öffentlichen Hinrichtung in Tyburn... Die blieb Kalibern wie dem Kronjuwelenräuber Captain Blood vorbehalten, der 1688 mitsamt Beute im »Town of Ramsgate« verhaftet wurde. Auch Jugde Jeffries, einst als unversöhnlicher Richter kleiner Krimineller »der Aufknüpfer« genannt, wurde hier festgenommen; die Teilnahme an einem mißglückten Aufstand ließ ihn das Schicksal seiner vielen Opfer teilen.

Gast im »Town of Ramsgate« war auch William Bligh, Kommandeur der »Bounty«: Mangels Mannschaft machte er arglose Männer betrunken, ließ sie an Bord seines direkt am Pub angedockten Schiffes schaffen und segelte los – mit Kurs auf die bekannte Meuterei.

Ein anderer Käpt'n, der in »Peter Pan« als Kinderschreck Hook verewigte Leuteschinder Captain Kidd, soll im »Town of Ramsgate« sogar spuken. Vielleicht handelt es sich aber auch nur um den Geist eines Gefangenen, der wie viele seiner Leidensgenossen im Keller des »Town of Ramsgate« auf den Abtransport in die Sträflingskolonie Australien wartete.

Der faszinierend düstere Ruf dieses Pubs brachte auch Edgar Wallace hierher – in zwei durchwachten Nächten schrieb er einen seiner Gruselkrimis. Heute erschrickt der Pubgast kaum noch über die »toten Augen von London«, mehr dagegen über die toten Straßen der Docklands.

PROSPECT OF WHITBY

57 Wapping Wall

Wapping

E 1

(U Wapping)

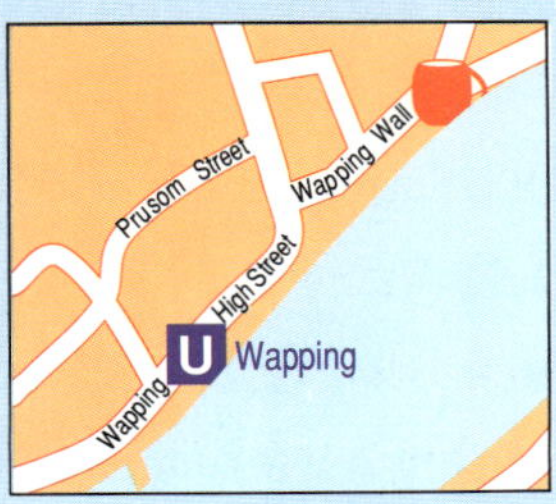

Öffnungszeiten

Mo–Sa

11.00–23.00 Uhr

So

12.00–15.00 Uhr

19.00–22.30 Uhr

Lunch täglich

bis 14.30 Uhr

Dinner täglich

bis 22.00 Uhr

Ambiente

★ ★ ★

Küche

★ ★ ★ ★

Das »älteste Pub Londons« wird es genannt. Nachweislich 1520 gebaut, seit 1565 als Schenke betrieben – die wechselhafte Vergangenheit des »Prospect of Whitby« hat ihre Spuren in zahlreichen Legenden, in den Büchern ehemaliger Gäste, aber vor allem in der Atmosphäre des gut erhaltenen Hauses hinterlassen.

Im wohl ältesten Pub von London

»Devil's Tavern« nannte man das kleine, hübsch verklinkerte Haus direkt am Fluß, im unruhigen Hafengebiet. Die allabendlichen Zechgelage sahen Schmuggler, Kriminelle, »Preßpatrouillen« auf der Suche nach Opfern für die Zwangsverpflichtung bei der königlichen Marine, aber auch honorige Schriftsteller wie Charles Dickens auf der Suche nach dem »wirklichen Leben«. Seine Aufgaben als Berater der Admiralität verband Samuel Pepys mit manch angenehmer Einkehr. Auch der gefürchtete Richter Jeffries kam häufig zum Lunch; während er gemütlich auf der schönen Terrasse am Fluß frische Austern schlürfte, sah er zu, wie am anderen Flußufer seine harten Urteile am Galgen vollstreckt wurden – zum Beispiel an Jugendlichen, die eine Scheibe Brot gestohlen hatten.

1790 hatte der damalige Hausherr genug vom schlechten Ruf seines Hauses, zumal Hahnenkämpfe und ein Faustkampfring immer wieder Unruhe ins Haus brachten. Die »Devil's Tavern« sollte nicht nur umgekrempelt, sondern auch gleich umbenannt werden. Schon eine ganze Weile war die Lage seines Pubs Ortsunkundigen unter Hinweis auf ein seit langem nahebei ankerndes Schiff, die »Prospect of Whitby«, beschrieben worden – jetzt wurde der klangvolle Name für die Schenke übernommen. Die Imageänderung hatte Erfolg; bald kamen Maler wie William Turner und Gustave Doré in das pittoreske Haus, statt geschmuggeltem Brandy wurden

Gute Aussicht vom »Prospect of Whitby«

unbekannte Blumen aus Japan auf der Terrasse verkauft – so kam übrigens die Fuchsie nach Großbritannien.
Heute präsentiert sich das »Prospect« als stilecht-schlichtes Pub, das wohl in erster Linie durch seine einzigartige Themse-Terrasse zur Attraktion für viele geworden ist, nicht zuletzt für viele Touristen. Auch neu zugezogene Dockland-Yuppies stoßen hier mit einem Pint »Webster's Yorkshire« oder »Ruddles County« auf die Börsenhausse an, essen eines der britisch-asiatischen Tagesgerichte oder lauschen den allabendlich spielenden Irish Folk Bands. Im Obergeschoß, mit holzgetäfelter Cocktailbar, einem eleganten Speiseraum mit offenem Kamin und freiem Blick auf den Fluß, befindet sich ein nobles Restaurant, zu der auch eine schön eingedeckte, reich mit Blumen bepflanzte Terrasse gehört. Zelebriert werden hier Vorspeisen wie Entenleberpastete oder Seezungenröllchen, klassische Hauptgänge wie schottischer Wildlachs mit Dillsauce, Filet Wellington, Ente in Orangensauce oder Steak und Austernpie – traditionelle englische Küche auf hohem Niveau, auch preislich gesehen. Die adäquate Weinkarte nennt neben einem Pouilly-Fuissé oder einem Chablis 1er Cru auch einen seltener anzutreffenden Vinho Verde oder Australian Chardonnay. Bei den Rotweinen kann auch ein Barolo oder ein kalifornischer Cabernet Sauvignon aus dem Barrique probiert werden. Königliche Hoheiten haben hier schon mit Blick auf den langsam vorbeiziehenden Fluß getafelt; Popstars, auch TV-Größen. Seit Charlton Heston im April 1991 im amerikanischen Fernsehen seiner Begeisterung für das »Prospect« freien Lauf ließ, steht das Pub sogar in ganz Hollywood unter den Londoner »musts« – eine Auffassung, der wir uns gerne anschließen.

THE MAYFLOWER

117 Rotherhithe Street

Rotherhithe

SE 16

(U Rotherhithe)

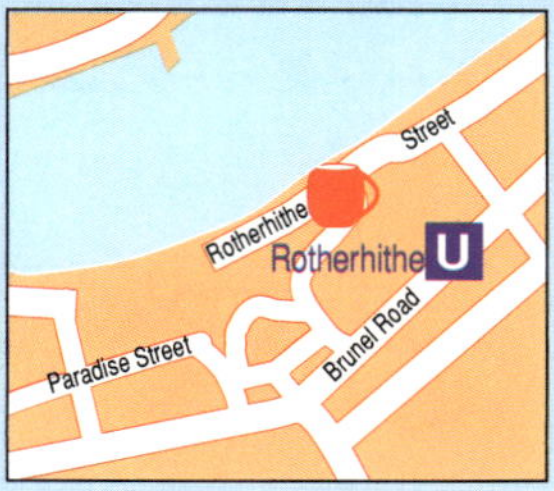

Öffnungszeiten

Mo–Sa

12.00–15.00 Uhr

Mo–Fr

18.00–23.00 Uhr

Sa

18.30–23.00 Uhr

So

12.00–15.00 Uhr

19.00–22.30 Uhr

Lunch täglich

bis 14.30 Uhr

Dinner täglich

bis 22.00 Uhr

Ambiente

★ ★ ★

Küche

★ ★ ★

Im Jahre 1611 betreten zwei Puritaner aufgeregt die kleine Schenke an der Themse. Draußen, vor der Freiterrasse am Fluß, liegt ein stattliches Segelschiff vor Anker, die »Mayflower«. Der Kapitän und Inhaber des Pubs, Christopher Jones, lehnt am Tresen und genießt seinen wohlverdienten Krug Ale. Doch seine Ruhe ist schnell dahin – eine Überfahrt in die Neue Welt suchen die streng religiösen Pilgerväter, die »Mayflower« soll sie über den Atlantik bringen. Die Auswanderer bedrängen den Kapitän fast acht Jahre

Ein zeitgemäßes Restaurant an historischer Stätte

lang, bis er schließlich zustimmt... 1620 landen die Pilgrim Fathers in Cape Cod und beginnen die britische Besiedlung Neuenglands. Am 6. Mai 1621 ankert die »Mayflower« wieder an ihrem vertrauten Ankerplatz vor der Flußterrasse des Pubs. Die Überfahrt hat Captain Jones kein Glück gebracht – er stirbt kurz nach seiner Heimkehr und wird als Volksheld in der Marienkirche gegenüber begraben. Zur Erinnerung an seine Reise wird das Pub in »The Mayflower« umbenannt.

Der Zahn der Zeit nagte schon früh an der alten Schenke, um 1750 wurde das Gebäude abgerissen und im alten Stil wieder aufgebaut. Drei kleine Barräume mit niedrigen Fachwerkdecken nehmen heute wie damals die Gäste auf, die Wand ist mit altersgeschwärz-

Abendstimmung

Man kann ja nie wissen…

ten Schiffsplanken – angeblich von der »Mayflower« – getäfelt, ein Modell des berühmten Segelschiffs beherrscht die Bar, und allerlei Nautika und Waffen verstärken den Eindruck einer urigen, aber sehr gepflegten Seefahrerkneipe.

Das Restaurant im ersten Stock mit traditionellen, dunklen Holzmöbeln und einem schönen Themse-Blick hat sich auf für ein Pub recht anspruchsvolle Küche spezialisiert: Truthahn-Champignon-Pie, Lammwürstchen in Rotwein-Rosmarinsauce, Meeresfrüchteplatte mit Austern, Muscheln, Krabben, Langustinos und Calamares, Pfeffersteak oder auch internationale Spezialitäten wie Dim Sum, Hühnercurry oder Nußpilaw. Besonders groß auch die Auswahl an vegetarischen Gerichten.

Hier ebenso wie bei der umfangreichen Weinkarte, deren Gewächse aus Chablis, Meursault, Vouvray, Sauternes, dem Medoc, Kalifornien oder Neuseeland auch glasweise ausgeschenkt werden, hat sich das Pub den veränderten Zeiten angepaßt. Seit die alten Lagerhäuser in der Nachbarschaft zu teuren Wohnungen und Büros mit Themseblick umgestaltet wurden, kommt ein anspruchsvolleres Publikum. Gesichter, die man aus dem Fernsehen kennt, Designer und junge Aufsteiger aus der City sind heute hier die Stammgäste. Ihnen gefällt es besonders auf der weit über den Fluß hinausragenden Terrasse, auf der sich beim Schein bunter Glühlämpchen der romantische Sonnenuntergang am Fluß beobachten läßt.

Die Terrasse ist übrigens, wie schon zu Zeiten der Pilgerväter, auch von der Themse her zugänglich – nur für den Fall, daß Sie lieber mit dem Boot kommen.

THE ANGEL

Bermondsey Wall East

Rotherhithe

SE 16

(U Rotherhithe)

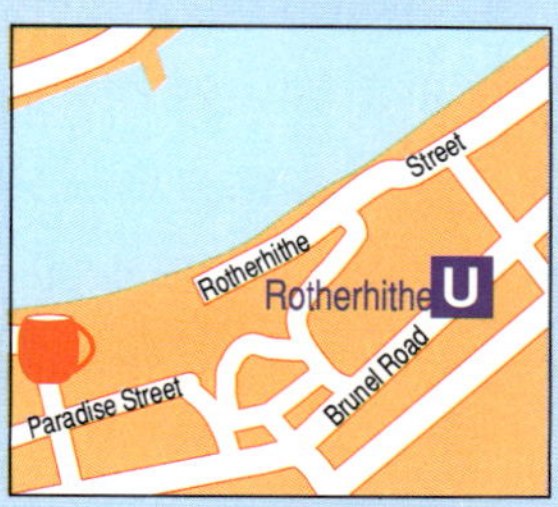

Öffnungszeiten

Mo–Sa

11.00–23.00 Uhr

So

12.00–15.00 Uhr

19.00–22.30 Uhr

Lunch täglich

bis 14.30 Uhr

Dinner täglich

bis 22.00 Uhr

Ambiente

★ ★ ★

Küche

★ ★ ★

Vom »Mayflower« sind es nur ein paar Schritte flußaufwärts, immer entlang des gut ausgeschilderten »River walk«. Vorbei an der kleinen Backsteinkirche St. Mary's Rotherhithe, durch eine ehemals düstere, heute im Zuge der Docklandsanierung hergerichtete Gasse zwischen umgebauten Lagerhäusern, die in Baulücken immer wieder den Blick auf die Themse freigeben. Ateliers und Kreativstudios nehmen viele der Erdgeschosse ein, hinter mancher offenstehenden Tür zeigt sich die Werkstatt eines Goldschmieds oder Keramikers. Moderne, auf dörflich getrimmte Wohnbebauung schließt sich an, bis der Weg auf eine große Freiterrasse am Mayflower-Park führt. An deren Ende, auf Pfählen halb in den Fluß gebaut, liegt ein einsames, hübsch anzuschauendes Häuschen: das »Angel«.

Von der Klosterschenke zum Ausflugsziel...

Im 15. Jahrhundert von den Mönchen der Bermondsey Abbey als Klosterschenke eröffnet, wurde es schnell als passendes Lokal für den Familienausflug bekannt; Samuel Pepys führte hierher seine Frau aus und verwöhnte die honorige Dame mit einem Körbchen frischer Kirschen. 1682 wurde das Pub für die damals enorme Summe von fünfhundert Pfund verkauft und seither als rein weltliches Lokal betrieben. Der heute noch hinter der Bar hängende Kaufvertrag dokumentiert die sich im Preis widerspiegelnde Erfolgsstory des Pubs.

Besonders der schmale Balkon hoch über der Themse zog von jeher die Gäste an. Bei einem Glas »Courage Best«, »Directors«, »John Smiths Yorkshire Bitter«, »Larkins« oder »Wadworth 6X« kann man von hier aus gemütlich dem Schiffsverkehr zusehen, die majestätische Tower Bridge oder den gegenüberliegenden, ultramodernen Yachthafen von St. Katherine's Dock bewundern.

... nicht nur für Seebären

Selbst im weitläufigen Restaurant braucht man nicht auf das Geschehen am Fluß zu verzichten, breite Fensterfronten geben einen ungestörten Blick frei. Die Küche bemüht sich um eine Mischung aus Traditionellem und moderner Eßkultur. Althergebrachtes wie Potted Shrimps oder Greenwich-Fischauflauf steht neben lauwarmem Pilzsalat oder Entenbrust in Kirschsauce auf der Karte. Einem leckeren »English Sherry Trifle« aus mit Sherry mariniertem Bisquit, Himbeeren, Vanillesauce und Schlagsahne wird ein leichtes Sorbet gegenübergestellt.
Danach kann man auf ein Glas Whisky in den lichten, großzügigen Hauptraum mit der nautischen Dekoration zurückkehren, durch die Sprossenfenster der unvergänglichen Themse beim Wellentanz zusehen und die Seele baumeln lassen…

NOCH MEHR TIPS...

Es gibt wahrscheinlich um die 6000 Pubs in London. Ihren ganz eigenen Charakter haben die meisten von ihnen. Viele können mit Stil, Atmosphäre, einer empfehlenswerten Küche oder sonstigen individuellen Besonderheiten aufwarten. Und nicht wenige haben Geschichte – erlebt oder sogar selbst geschrieben.

London ist ein Dorado für Pubentdecker. Wenn Sie der Meinung sind, Ihr (Noch-) Geheimtip sollte unbedingt einmal in einem Buch zu Ehren kommen, schreiben Sie an

Axel und Bibiana Behrendt

c/o Wilhelm Heyne Verlag

Türkenstraße 5–7

D-8000 München 2

Für weitere Entdeckungen, über die 44 ausführlich beschriebenen Pubs hinaus, möchten wir Ihnen auf den folgenden Seiten einige Anregungen geben: 56 Pubs, die ebenfalls zu den besten Londons zählen. Abweichungen von den üblichen Öffnungszeiten (montags bis samstags 11.00–23.00 Uhr, sonntags 12.00–15.00 Uhr und 19.00–22.30 Uhr) sind angegeben. Bitte berücksichtigen Sie, daß es je nach Jahreszeit zu Änderungen kommen kann. Immer verlassen können Sie sich jedoch auf die wochentäglichen Kernöffnungszeiten 11.00–15.00 Uhr und 18.00–23.00 Uhr.

Innenstadtbereich

Old Red Lion

418 St. John's Street

Finsbury, EC1

Viktorianisches Pub mit kleinem Theater; einst beliebt bei Lenin und Genossen.

Hand and Shears

1 Middle Street, Cloth Fair

City of London, EC1

öffnet erst 11.30 Uhr, am Wochenende nachmittags geschlossen

Traditionelles Pub aus dem 16. Jahrhundert.

Barley Mow

15 Long Lane

City of London, EC1

schließt 21.00 Uhr und am Wochenende

Fachwerkhaus aus dem 16. Jh., Innenausstattung um die Jahrhundertwende.

The Castle

34 Cowcross Street

Farringdon, EC1

Sa abends und So geschlossen

Einziges Pub mit königlicher Lizenz als Pfandleihhaus, seit King George IV hier höchstpersönlich seine Uhr versetzt hat.

Dirty Dick's

202 Bishopsgate

City of London, EC2

schließt 21.00 Uhr und am Wochenende

Ein Haus von 1745, in dem sich mehr als nur der Staub der Jahrhunderte angesammelt hat.

Hoop & Grapes

47 Aldgate High Street

Aldgate, EC3

Sa und So geschlossen

Fachwerkatmosphäre im ältesten weltlichen Gebäude der City of London (teilweise 13. Jahrhundert).

Ye Olde Cheshire Cheese

Wine Office Court

Zugang neben 145 Fleet Street

St. Paul's, EC4

ab 21.00 Uhr und Sa/So geschlossen

Siehe Kapitel »Das Pub – eine Institution«, Seite 7 ff.

Marquess of Anglesey

39 Bow Street

Covent Garden, WC2

Groß und elegant, gute Küche.

Ye Olde Watling

29 Watling Street

St. Paul's, EC4

schließt 21.00 Uhr und Sa/So

Fachwerk aus uralten Schiffsbalken, errichtet vom Erbauer der St. Paul's Cathedral, Sir Christopher Wren, als Kantine für seine Bauarbeiter.

Olde Bell Tavern

95 Fleet Street

St. Paul's, EC4

an Wochenenden geschlossen

Eins der traditionellen Journalistenpubs des alten Zeitungszentrums Fleet Street; auch ein Christopher-Wren-Pub.

Princess Louise

208 High Holborn

Holborn, WC1

Viktorianischer Ex-»Ginpalast« mit Thai-Restaurant; die ebenfalls sehenswerte Herrentoilette steht unter Denkmalschutz.

Hansler Arms

133 King's Cross Road

Finsbury, WC1

Viktorianischer Pubwinzling unweit des großen Bahnhofs.

Seven Stars

53 Carey Street

Aldwych, WC2

Eins der kleinsten Pubs Londons, seit 1710 wurde hier absolut nichts geändert.

Coal Hole

Carting Lane, neben 91 The Strand

Aldwych, WC2

Frühes 19. Jahrhundert, mit eindrucksvoller Innenarchitektur, Tür an Tür mit dem Savoy Hotel.

Devereux

20 Devereux Court/Ecke Essex Street

Aldwych, WC2

schließt 21.30 Uhr und Sa/So

Das frühere Stadthaus des Earl of Essex, heute gemütliches Pub und Restaurant.

The Glassblower

42 Glasshouse Street

Soho, W1

öffnet erst 11.30 Uhr

Eins der alten Sägemehl-auf-dem-Boden-Pubs, um die Ecke vom Piccadilly Circus.

White Hart

191 Drury Lane

Covent Garden, WC2

Gemütlich, in einem Fachwerkhaus aus dem Jahr 1201.

Old Coffee House

49 Beak Street

Soho, W1

Kleines Pub mit großem Dekorationssammelsurium, gute Küche.

The Guinea

30 Bruton Place

Mayfair, W1

nachmittags und So geschlossen

Fachwerkhaus aus dem Jahr 1423 in stillem Gäßchen.

Rose & Crown

2 Old Park Lane

Mayfair, W1

Sa nachmittags und So abends geschlossen

Angeblich das am meisten spukgeplagte Pub Londons.

I am the only Running Footman

5 Charles Street

Mayfair, W1

im Winter nachmittags geschlossen

Das viktorianische Pub mit dem längsten Namen.

Westminster Arms

7 Storeys Gate

Westminster, SW1

So abend geschlossen

Nahe Westminster Abbey und Parlament, beliebter Treff der Abgeordneten.

Norden

The Crown

Cloudesley Street/Ecke Cloudesley Square

Islington, N1

Gelungen restauriertes, romantisches Jahrhundertwendepub.

Compton Arms

4 Compton Avenue

Canonbury, N1

Kleines Pub im Landhausstil, hübsch bepflanzte Terrasse.

Waterside Inn

82 York Way

King's Cross, N1

Sa nachmittags geschlossen

Im Sommer beliebte Terrasse an einem Hafenbecken, gute Küche.

White Lion of Mortimer

127 Stroud Green Road

Finsbury Park, N4

Großes Pub mit vielen kleinen Räumen, Wintergarten.

Freemasons

Downshire Hill

Hampstead, NW3

öffnet erst 12.00 Uhr, im Winter nachmittags geschlossen

Herrschaftliches Haus mit großem Garten, letzter Rasenbillardplatz Großbritanniens, Gartenkegelbahn.

Rosetti

23 Queen's Grove

St. John's Wood, NW8

Italienisch inspiriertes Marmorpub, Cocktailbar und preiswerte italienische Küche.

Sir Richard Steele

97 Haverstock Hill

Hampstead, NW3

Viel Atmosphäre mit Kerzenlicht am Abend.

Holly Bush

Holly Mount

Hampstead, NW3

nachmittags geschlossen

Außen und innen teilweise immer noch mit uralten Gaslampen beleuchtet.

Osten

Dickens Inn

St. Katherine's Way

Whitechapel, E1

Größtes Pub Londons, direkt am Yachthafen

Still & Star

1 Little Somerset Street

Whitechapel, E1

schließt bereits 21.00 Uhr, am Wochenende ganz

Gemütliches Pub in einer ungemütlichen Straße: Jack the Ripper trieb hier sein Unwesen.

Ship and Blue Ball

Boundary Street

Whitechapel, E2

Sa nachmittags geschlossen

In den Sechzigern wurde hier der legendäre Postraub geplant und ein Teil der Beute versteckt; gute Bierauswahl.

Boleyn Tavern

Barking Road/Ecke Green Street

Upton Park, E13

Leicht verblaßter Charme viktorianischen Rokokos, großes Haus in einem East-End-Vorort.

The Grapes

76 Narrow Street

Limehouse, E14

nachmittags geschlossen

Originelles Docklandpub direkt am Fluß, gutes Fischrestaurant.

Süden

Anchor Tap

28 Horsleydown Lane

Bermondsey, SE1

Spätes 18. Jahrhundert, spektakuläre Aussicht direkt am südlichen Ende der Tower Bridge.

Horniman

Hays Galleria

Battlebridge Lane

Southwark, SE1

Elegantes Themsepub in moderner Ladengalerie.

Hole in the Wall

5 Mepham Street

Lambeth, SE1

An der Waterloo Station, in einen Rundbogen unter die Gleise gebaut; immens große Bierauswahl.

Phoenix & Firkin

5 Windsor Walk

Denmark Hill Station

Denmark Hill, SE5

öffnet erst 11.30 Uhr

Zum Pub umgebautes viktorianisches Bahnhofsgebäude, über den Gleisen; Brauerei im Keller.

Cutty Sark

Lassell Street/Ecke Ballast Quai

Greenwich, SE10

Historisches Pub von 1695 mit operettenhafter Piratenstimmung und Flußblick.

Olde Windmill

Clapham Common South Side

Clapham, SW4

Viktorianischer Landgasthof im Clapham Common Park.

Alma

499 York Road

Wandsworth, SW18

nachmittags (außer Sa) geschlossen

Charakter einer französischen Brasserie, gute Küche.

Hand in Hand

6 Crooked Billet

Wimbledon Village, SW19

Kleines, verwinkeltes Pub mit vielgelobter Küche, beliebtester Treff im noblen Tennisvorort.

The Crooked Billet

15 Crooked Billet

Wimbledon Village, SW19

Geräumiges Pub mit Tudor-Interieur, versorgt im Sommer den »Dorf-Anger« mit Drinks.

Westen

Bulls Head

Strand-on-the-Green

Chiswick, W4

nachmittags (außer Sa) geschlossen

Landgasthof aus der Mitte des 17. Jahrhunderts, direkt am Fluß gelegen; schönes Ausflugsziel im Sommer.

City Barge

27 Strand-on-the-Green

Chiswick, W4

nachmittags (außer Sa) geschlossen

Elisabethanische Seefahrerkneipe, der älteste Pubteil von 1484; ideale Tankstelle auf einem Flußspaziergang.

The Old Ship

25 Upper Mall

Hammersmith, W6

Ältestes Pub von Hammersmith, mit einer der beliebtesten Themseterrassen, an einem kleinen Park gelegen.

Scarsdale Arms

23a Edwardes Square

West Kensington, W8

Ehemaliges Stadthaus der Viscounts Curzon of Scarsdale.

Warwick Castle

6 Warwick Place

Maida Vale, W9

Authentisches viktorianisches Pub in einer ruhigen Straße zwischen den Kanälen von »Little Venice«.

Star Tavern

6 Belgrave Mews West

Belgravia, SW1

Mo–Do

11.30–15.00 Uhr,

17.00–23.00 Uhr,

Fr/Sa 11.30–23.00 Uhr

Mischung aus Kaffeehaus des 18. Jahrhunderts und Gentlemen's Club.

Paxtons Head

153 Knightsbridge

Knightsbridge, SW1

Spiegel und Glas dieses viktorianischen Pubs stammen zum Teil aus der legendären Weltausstellungshalle Crystal Palace.

Bunch of Grapes

207 Brompton Road

Knightsbridge, SW3

Sa nachmittags geschlossen

Holzgetäfeltes, gemütliches viktorianisches Pub in der Nähe von Harrods.

Orange Brewery

37 Pimlico Road

Pimlico, SW1

Gemütliches Pub, braut im Keller fünf eigene Sorten guter Real Ales.

The Albert

52 Victoria Street

Victoria, SW1

Beeindruckend schönes viktorianisches Pub mit empfehlenswertem Restaurant.

Duke of Cumberland

235 New King's Road

Parsons Green, SW6

Sa nachmittags geschlossen

Elegantes Jahrhundertwendepub mit gut erhaltener Innenausstattung.

Sporting Page

6 Camera Place

Chelsea, SW10

nachmittags geschlossen

Helles, sportives Pub mit Gourmetküche; Schwesterpub des »Front Page« (siehe Seite 119).

REZEPTE

Savouries (Snacks)
Fisch- und Fleischgerichte
Desserts

Auf den folgenden Seiten sind einige Grundrezepte typischer Gerichte gesammelt, wie man sie in Londoner Pubs antrifft. Bei den meisten handelt es sich um die unverzichtbaren Klassiker. Aber auch einige leider nur noch selten anzutreffende Reminiszenzen an die traditionelle britische Küche sind als Reverenz an den Leser angefügt.
Alle Rezepte sind auch hierzulande einfach nachzukochen. In diesen Breiten unübliche oder schwer erhältliche Zutaten wurden soweit wie möglich durch andere ersetzt.

Toad-in-the-Hole

Würstchen im Brotteig

Sehr beliebt in englischen Pubs sind die pikanten Würstchen im Brotteig, die sich gut warm halten lassen.

100 g Mehl · 2 Eier · 1/4 l Milch · 500 g kleine, frische Bratwürste (etwa Nürnberger Bratwürste) · Salz und Pfeffer

Die Eier mit 2 Prisen Salz schaumig rühren. Unter ständigem Rühren langsam das Mehl zugeben, anschließend in dünnem Strahl die Milch. Den Teig rühren, bis er glatt und cremig ist, das Ganze dann eine Stunde im Kühlschrank ausquellen lassen. Backofen auf 200 Grad vorheizen.

Die Würstchen in simmerndem Wasser gar kochen, anschließend in einer beschichteten Pfanne bei milder Hitze im eigenen Fett bräunen. Vier kleine Auflaufformen mit dem Bratfett ausstreichen. Würstchen in die Auflaufformen geben (gegebenenfalls zerteilen). Mit dem Teig übergießen und im Ofen backen, bis der Teig über den Rand der Förmchen aufgegangen und knusprig braun ist.

Cornish Pasties

Cornwall-Teigtaschen

400 g Mehl · 375 g Schweineschmalz, gut gekühlt und in kleine Stücke geschnitten
9 EL Eiswasser · 200 g Karotten, grob gehackt · 250 g mageres Rindfleisch,
fein gewürfelt · 2 Zwiebeln, grob gehackt · 400 g Kartoffeln, fein gewürfelt
1 Ei, leicht verquirlt · Salz und Pfeffer · Butter zum Fetten des Backblechs

Mehl, Schmalz und eine kräftige Prise Salz in eine vorgekühlte Schüssel geben und schnell mit den Fingerspitzen verreiben, bis große Flocken entstanden sind. Das Eiswasser darübergeben, verrühren und einen großen Kloß formen. Eventuell noch etwas mehr Wasser zugeben. Diesen Teig in Pergamentpapier einwickeln und im Kühlschrank mindestens 1 Stunde kalt stellen. Backofen auf 200 Grad vorwärmen.
Karotten, Rindfleisch, Zwiebeln und Kartoffeln mischen und mit Salz und Pfeffer gut abschmecken. Lieber etwas stärker salzen!
Dann den Teig für die Fleischtaschen auf einem leicht bemehlten Brett auf etwa 5 mm Dicke ausrollen und runde Teigplatten von etwa 15 cm Durchmesser ausschneiden. Die Füllung so auf dem Teig verteilen, daß die Platte gut zu einer Tasche zusammengeklappt werden kann. Den Rand der Taschen mit einem Backpinsel befeuchten, zusammenklappen und fest zusammendrücken. Dann auf ein gefettetes Backblech setzen und in die Oberfläche zwei kurze Schnitte machen, damit beim Backen der Dampf entweichen kann. Mit dem verquirlten Ei bestreichen und 45 Minuten backen, bis die Pasties goldgelb und die Füllung gar ist.
Pasties eignen sich auch hervorragend zum Aufwärmen im Backofen oder in der Mikrowelle. Sie schmecken heiß oder lauwarm.

Turkey Salad with Chutneys and Cranberry Sauce

Truthahn-Salat mit zweierlei Chutneys und Cranberry Sauce

1 kg Truthahn-Rollbraten · Salz und Pfeffer · verschiedene Blattsalate

Sauce Vinaigrette oder ein anderes Salatdressing

Den Backofen auf 200 Grad erhitzen. Den Rollbraten gut salzen und pfeffern. Einen Bräter gut einfetten und den Rollbraten in ca. 2 Stunden knusprig braun braten. Im Innern sollte er noch leicht rosa sein.
Den Rollbraten gut auskühlen lassen und nach dem Erkalten in dickere Aufschnittscheiben schneiden.
Auf einem großen Teller Salat und Putenfleisch anrichten. Die Preiselbeersauce und die Chutneys werden separat gereicht. Dazu paßt gebuttertes Weiß- oder Vollkornbrot.

Chutney, in der Kolonialzeit aus der indischen Küche übernommen, ist der Oberbegriff für eine Art süß-saurer Obst- oder Gemüsekonfitüren. Die folgenden Chutneys und die Cranberry Sauce lassen sich lange vorher zubereiten und passen auch zu anderen kalten Braten oder zu Geflügelwurst:

Apple Chutney

750 g grüne Äpfel, geschält, entkernt und grob gewürfelt

250 g Zwiebeln, grob gehackt · 200 g helle Rosinen · 200 g dunkelbrauner Zucker

¼ l Malzessig · 1 TL Senfkörner, grob gestoßen · 1 TL Mixed-Pickles-Gewürz

1 Prise Ingwer, gemahlen · 1 Prise Cayennepfeffer

Alle Zutaten in einem großen Topf zum Kochen bringen und kräftig aufwallen lassen, dann die Hitze reduzieren und ohne Deckel unter

gelegentlichem Umrühren 1½ Stunden simmern lassen, bis die Flüssigkeit fast verkocht ist. In der letzten halben Stunde häufig umrühren, um das Anbrennen zu vermeiden.
Die Mischung sollte so dickflüssig sein, daß sie vom Kochlöffel nicht mehr herabfließt. Zum Aufbewahren das fertige Chutney in heiße, sterilisierte Einmachgläser füllen und gut verschließen.

Piccalilli

250 g Blumenkohl, fein gewürfelt · 250 g Zwiebeln, grob gewürfelt
250 g Frühlingszwiebeln (ersatzweise Lauch), grob gehackt
Salz · ½ l Malzessig · 2 Chilis · 1 EL Kurkuma
30 g Senfpulver (ersatzweise 2 EL Senf) · etwas Mehl
Zucker zum Abschmecken

Gemüse und Zwiebeln leicht salzen und über Nacht stehen lassen. In einem Topf den Malzessig, die Chilis und das Kurkumapulver aufkochen lassen. Die abgespülten Gemüse dazugeben und 10 Minuten einkochen lassen.
Senfpulver und ein wenig Mehl mit etwas Essig verrühren und zum Piccalilli geben. Nach 2 weiteren Minuten ist das pikante Gemüse angedickt. Mit etwas Zucker abschmecken. In heiße, sterilisierte Gläser füllen und kalt stellen.

Cranberry Sauce

250 g Preiselbeerkompott · 3 Schalotten, sehr fein gehackt
1 TL scharfer, englischer Senf (ersatzweise Löwensenf)
1 TL Rotwein · 1 Prise geriebene Zitronenschale

Zutaten gut miteinander verrühren. Falls die Sauce noch zu süß erscheint, mit einigen Tropfen Rotweinessig abschmecken.

Trout and Salmon Pudding with Hollandaise Sauce

Forellen-Lachs-Auflauf

Von Lachssteaks oder Sandwiches mit Räucherlachs oder Krabben abgesehen, sind Fischgerichte in der Pubküche nicht sehr häufig anzutreffen, ab und zu jedoch dieser klassische Auflauf:

300 g Forellenfilet · 300 g Lachsfilet · 1 Eiweiß
1 TL Kerbel, fein gehackt · 1 TL Petersilie, fein gehackt · 50 ml süße Sahne
1 EL Zitronensaft · 25 ml Weißwein · 2 Coquilles St. Jacques
Butter · Salz und Pfeffer

Die gut gekühlten Fischfilets in dünne Scheiben schneiden, die Coquilles halbieren.
Je 75 g Lachs- und Forellenfilet im Mixer mit Eigelb, Kräutern, Sahne, Weißwein, Salz und Pfeffer pürieren. Diese Mousse mit Zitronensaft abschmecken und kühl stellen.
Vier kleine Auflaufformen ausfetten und mit den Lachs- und Forellenstreifen auslegen. In die Mitte je eine halbe Jakobsmuschel legen. Mit der Fischmousse auffüllen.
Backofen auf 220 Grad vorheizen.
Eine flache Reine oder Auflaufform in den Backofen stellen und mit kochend heißem Wasser füllen. In dieses Wasserbad die Förmchen stellen und etwa 20 Minuten garen lassen. Der Fischpudding ist gar, wenn die Masse auf Fingerdruck leicht nachgibt.
Mit einer klassischen Sauce Hollandaise und Pellkartoffeln servieren.

Cod in Watercress Sauce

Kabeljau in Weißwein-Kresse-Sauce

4 Kabeljausteaks oder -filets · 25 g Butter · 100 ml trockener Weißwein
200 ml Fischfond · 100 ml Sahne · 50 g Kresse, fein gehackt · 1 TL Speisestärke
etwas Zitronensaft · Salz und Pfeffer

Den Fisch sorgfältig waschen, abtrocknen und mit Zitronensaft einreiben. Mit Salz und Pfeffer würzen und kurz Wasser ziehen lassen. Gut trockentupfen.

Fischfond und Weißwein erhitzen. In einer Bratpfanne die Butter erhitzen und den Fisch schnell anbraten, ohne daß er bräunt. Mit dem heißen Fond ablöschen und bei milder Hitze den Fisch garziehen lassen.

Fisch aus der Pfanne nehmen und warm stellen. Die Sahne zum Saucenansatz geben und bei großer Hitze einkochen lassen. Mit Zitronensaft, Pfeffer und Salz abschmecken und mit Speisestärke binden. Zum Schluß die Kresse unterrühren.

Den Fisch mit Pellkartoffeln und Gemüse auf einem vorgewärmten Teller anrichten und mit der Sauce übergießen.

THE WHITE HORSE ON PARSONS GREEN

MENU

Boiled Ham with Parsley Sauce

Gekochter Schinken mit Petersiliensauce

Ein Gericht, das man in größeren Portionen zubereiten sollte.

1,5 kg roher Hinterschinken, mild gesalzen · 2 Lorbeerblätter · 12 Pfefferkörner
100 g Sellerie, grob gehackt · 1 große Zwiebel, halbiert, mit Schale
100 g Karotten, grob gehackt · 25 g Butter · 25 g Mehl
½ l Rinderfond oder Fleischbrühe · 150 ml Milch · 1 Bund Petersilie, fein gehackt
Salz und Pfeffer

Den Schinken in einem großen Topf mit kaltem Wasser bedecken. Lorbeerblätter, Pfefferkörner, Sellerie, Zwiebeln, Karotten und eine Prise Petersilie hinzugeben. Zum Kochen bringen und sanft etwa 1 ½ Stunden simmern lassen.

In einer Sauteuse die Butter zergehen lassen, Mehl hinzugeben und hellgelb anschwitzen. Die Fleischbrühe löffelweise unter ständigem Rühren dazugeben, so daß keine Klümpchen entstehen. Die Sauce andicken lassen, dann die Petersilie unterrühren und mit Pfeffer, nach Belieben auch mit einer Prise Muskat abschmecken.

In Pubs wird der gekochte Schinken wahlweise warm oder kalt serviert: der warme Schinken mit Kartoffeln, Karotten und der Sauce, kalter oder lauwarmer Schinken mit der Sauce, Salat, braunem Brot und Butter.

Shepherd's Pie

Fleischauflauf

Das wohl traditionellste Gericht der britischen Hausmannskost ist zum beliebtesten Pubangebot geworden.

400 g Rinderhack · 1 große Zwiebel · 1 Knoblauchzehe · Butterschmalz
500 g gemischtes Gemüse (Champignons, Paprika, Zucchini, Erbsen, Karotten, Mais o. a.) · etwas Rotwein und Fleischbrühe · Tomatenmark
1 Kilo mehlig-festkochende Kartoffeln · 1 Ei · 100 ml Milch
20 g Butter · Salz, Pfeffer, Paprika, Muskat

Das Gemüse putzen und in kleine Würfel schneiden.
Die Kartoffeln schälen und in Salzwasser weich kochen. Die Milch mit der Butter erhitzen, kräftig mit Salz, Pfeffer und Muskat würzen. Kartoffeln durch ein Sieb in die Milch pressen. Das Püree umrühren, abschmecken, leicht abkühlen lassen, dann das Ei kräftig unterrühren.
Die Zwiebeln schälen und würfeln, dann im Butterschmalz kräftig anbraten. Knoblauch durch die Presse drücken und mitdünsten. Hackfleisch dazugeben und unter Rühren scharf anbraten, bis das Fleisch schön braun ist, pfeffern und salzen. Gemüsewürfel dazugeben, kurz durchrühren und mit Rotwein und Brühe ablöschen. Mit Tomatenmark abbinden und auf kleiner Flamme schmoren, bis die Flüssigkeit nahezu verkocht ist. Abschmecken.
Backofen auf 200 Grad erhitzen. Hackfleisch-Gemüse-Mischung in eine Auflaufform füllen, mit dem Kartoffelpüree bedecken. Wenn Sie wollen, einen Teil der Kartoffelmasse in einen Spritzbeutel füllen und das Shepherd's Pie damit verzieren. Das Pie im Backofen in ca. 20 Minuten bräunen lassen.

Steak-and-Kidney-Pie

Steak-und-Nieren-Auflauf

750 g Rumpsteak oder Rinderkeule, in 2–3 cm große Würfel geschnitten

500 g Kalbsnieren, geputzt und ebenfalls gewürfelt · Salz, Pfeffer, Mehl

60 g Rindertalg (ersatzweise Schweine- oder Butterschmalz)

125 g Champignons, blättrig geschnitten · 125 g Zwiebeln, grob gehackt

½ l Fleischbrühe · 100 ml trockener Rotwein · 1 EL Petersilie

Thymian, Worcestersauce · 1 Paket Blätterteig (tiefgekühlt)

1 Eigelb, mit 1 EL süßer Sahne verquirlt

Backofen auf 225 Grad vorheizen.

Steakfleisch und Nieren gut trockentupfen, salzen, pfeffern und sorgfältig mit Mehl bestäuben.

Das Fett in einer schweren Pfanne erhitzen, bis es raucht. Portionsweise das Fleisch scharf anbraten, bis es gleichmäßig gebräunt ist. In eine ca. 10 cm hohe Auflaufform umfüllen. Die Pfanne etwas abkühlen lassen, dann die Pilze und Zwiebeln unter ständigem Rühren 3 Minuten dünsten und zu den Fleischstücken geben. Den verbliebenen Bratensatz mit dem Rotwein lösen, mit Fleischbrühe aufgießen und mit Petersilie, Thymian, Worcestersauce, Salz und Pfeffer abschmecken. Diese Sauce in die Auflaufform geben und vorsichtig umrühren.

Den Blätterteig nach Vorschrift etwa 5 mm dick ausrollen. Als Halt für den Teigdeckel vier 1 cm breite Teigstreifen abschneiden, an den oberen Innenrand der Auflaufform legen und fest andrücken. Mit etwas kaltem Wasser leicht befeuchten. Dann den Blätterteig über die Form legen. Überhängende Ränder abschneiden und den Teig fest an den Rand der Form drücken. Die Mitte des Teigdeckels mit zwei ca. 3 cm langen parallelen Einschnitten versehen und das Pie mit der Eigelb-Sahne-Mischung bestreichen.

Etwa 30 Minuten auf der mittleren Einschubleiste des Ofens backen, dann die Temperatur auf 175 Grad herunterschalten und weitere 30 Minuten backen, bis der Blätterteig goldbraun ist. Sofort servieren.

Lancashire Hot Pot

Lamm-Kartoffel-Topf

4 magere Scheiben Lammschulter à 175 g oder · 4 Nackenkoteletts vom Lamm
2 Lammnieren, geputzt und geschnetzelt · 500 g Kartoffeln in Scheiben
125 g Champignons in Scheiben · 125 g Zwiebeln in Scheiben
150 ml Lamm- oder Kalbsfond · Butterflöckchen
1 EL feingehackte Petersilie · Salz und Pfeffer

Den Backofen auf 175 Grad vorheizen.
Eine Kasserolle oder Auflaufform mit Butter ausstreichen und mit einem Drittel der Kartoffelscheiben belegen. Mit zwei Scheiben Lamm und der Hälfte der Nieren, Pilze und Zwiebeln bedecken. Gut pfeffern und salzen, dann diesen Vorgang wiederholen. Zum Schluß den Hot Pot mit den restlichen Kartoffeln abdecken und den Lammfond angießen. Die oberste Kartoffelschicht mit Butterflöckchen bedecken.
Abgedeckt ca. 1½ Stunden auf der mittleren Einschubleiste backen. Danach den Deckel abnehmen und den Hot Pot in einer weiteren ½ Stunde gratinieren. Mit Petersilie bestreut servieren.

Roastbeef with Yorkshire Pudding and Horseradish Sauce

Rostbraten mit Yorkshire Pudding und Meerrettichsauce

1,5 kg Roastbeef · 2 Eier · 100 g Mehl · 250 ml Milch · 30 g Schmalz

50 g Meerrettich aus dem Glas · 1 EL Weißweinessig · 1 EL Zucker

1 TL englischer Senf (ersatzweise Löwensenf)

⅛ l süße Sahne · Salz und Pfeffer

Roastbeef

Backofen auf 250 Grad vorheizen.
Das Roastbeef mit der Fettseite nach oben auf einen Rost legen und 20 Minuten ungestört in der Mitte des Ofens braten lassen.
Dann die Temperatur auf 175 Grad herunterschalten und das Fleisch, ohne es zu begießen, weiterbraten lassen.
Die Garzeit hängt vom Gewicht des Bratens ab. Ab dem Moment der Temperaturverminderung auf 175 Grad gilt folgende Faustregel: »englisch« gebratenes Beef braucht 20 Minuten, medium 25 Minuten und gut durchgebratenes Roastbeef 30 Minuten pro Pfund!
Während der letzten halben Stunde den Yorkshire Pudding unter das Roastbeef stellen und so die Fleischsäfte auffangen! Nach Ablauf der Garzeit das Roastbeef salzen und pfeffern, auf einer vorgewärmten Platte mit Alufolie abdecken und 10 Minuten ruhen lassen.
In der Zwischenzeit den Yorkshire Pudding fertigbacken lassen.

Yorkshire Pudding

Eier und etwas Salz schaumig schlagen, dann unter ständigem Rühren langsam das Mehl zugeben. Danach in dünnem Strahl die Milch zugießen und den Teig rühren, bis er glatt und cremig ist. Eine Stunde im Kühlschrank ausquellen lassen.

Das Fett in einem großen Bräter stark erhitzen. Teig nochmals kurz durchrühren und in den Bräter gießen. Unter das Roastbeef in den Ofen stellen und ca. 40 Minuten backen, bis der Pudding über den Rand des Bräters aufgegangen und knusprig braun ist.
Mit einem scharfen Messer in Portionen schneiden und mit dem aufgeschnittenen Roastbeef und der Horseradish Sauce servieren.

Horseradish Sauce

Meerrettich, Essig, Zucker, Senf, je ½ TL Salz und Pfeffer in einer kleinen Schüssel gut verrühren. Die geschlagene Sahne vorsichtig mit dem Teigspachtel unterziehen, abschmecken. Horseradish Sauce wird in Pubs auch gerne zu Truthahn oder Lachssandwiches serviert.

Roast Lamb with Mint Sauce

Lamm aus dem Backofen mit Pfefferminzsauce

1,5 kg Lammkeule, entfettet · 1 TL Rosmarin · Salz und Peffer

⅛ L Malzessig · 1 EL Minzblätter, fein gehackt · 15 g Zucker · 100 ml Wasser

Mint Sauce

Wasser und Zucker zum Sirup kochen. Mit den Minzblättern und dem Essig verrühren und abschmecken. 2 bis 3 Stunden ziehen lassen.

Roast Lamb

Backofen auf 250 Grad vorheizen.
Lamm mit Salz, Pfeffer und Rosmarin gut einreiben.
Fleisch mit der Hautseite nach oben in einen Bräter legen und 20 Minuten braten lassen. Temperatur auf 200 Grad reduzieren und weitere 40 Minuten braten lassen, bis das Fleisch rosig ist.
Braten eine Viertelstunde im abgeschalteten Ofen ruhen lassen und dann auf einer vorgewärmten Platte tranchieren.
Die Mintsauce separat dazu reichen.
Dazu passen Potato cakes.

Potato cakes

500 g Kartoffeln (mehlig-festkochend) · 1 TL geschmolzene Butter
125 g Mehl · Salz und Pfeffer · Butter zum Ausbacken

Kartoffeln schälen und weich kochen.
Zu Püree zerdrücken. Die geschmolzene Butter unterkneten. Salzen und pfeffern. Mit Mehl zu einem festen Teig kneten. Zu einer Rolle formen und davon runde Plätzchen schneiden. Die Potato cakes in einer Bratpfanne in Butter bei mittlerer Hitze knusprig braun braten.

Lamb-in-Cider-Casserole

In Apfelwein geschmortes Lamm

600 g Lammkeule, in schmale Streifen geschnitten

50 g Bacon (Frühstücksspeck), fein gehackt · 1 Zwiebel, fein gehackt

150 g Champignons, in Scheiben geschnitten · 1/4 l trockener Cider

(Cidre oder Apfelmost) · 1/4 l Lammbrühe (ersatzweise Fleischbrühe)

1 EL Speisestärke · 2 ELsüße Sahne · 1 EL Butterschmalz · Salz, Pfeffer, Thymian

Speck im Butterschmalz scharf anrösten. Bei hoher Temperatur das Lammfleisch portionsweise dazugeben und kräftig bräunen lassen. Mit Salz und Pfeffer gut abschmecken. Temperatur herunterschalten und Zwiebeln und Champignons mit dem Fleisch anschmoren lassen, bis alle Zutaten appetitlich gebräunt sind.
Mit Cider und Fleischbrühe ablöschen und bei mittlerer Hitze ca. 10 Minuten einkochen lassen. Das Lammragout mit Sahne und Thymian abschmecken und mit der Speisestärke binden.
In englischen Pubs werden traditionell zweierlei in Butter gedünstete Gemüse und Backofen- oder Röstkartoffeln zur Lammkasserolle serviert.

Pork Chops in Beer Sauce

Koteletts in Biersauce

4 Schweinekoteletts · 2 EL Butterschmalz · 1/2 l helles Bier · 25 g Kapern · 2 Eigelb

Salz, Pfeffer, Muskatnuß · Zitronenscheiben und Petersilie als Garnitur

Koteletts gut mit Salz und Pfeffer würzen. Eine Bratpfanne mit dem Butterschmalz gut erhitzen und die Koteletts schnell anbraten, damit sich die Poren schließen.

Überschüssiges Fett abgießen. Koteletts mit dem Bier ablöschen und abschmecken. Eine Dreiviertelstunde bei milder Hitze simmern lassen. Die Koteletts aus der Sauce nehmen und warm stellen.
Bratpfanne vom Herd nehmen und die Kapern, das Eigelb und die geriebene Muskatnuß kräftig unterrühren.
Sauce nochmals vorsichtig erhitzen, bis die Eigelbbindung steht. Nicht mehr kochen lassen!
Einige Tropfen Bier hinzufügen, um das Aroma zu intensivieren.
Sauce über die Koteletts geben und mit Zitronenscheiben und Petersilie dekorieren.
Dazu passen Pellkartoffeln und Salat.

Breast of Chicken in Leek Sauce

Hühnerbrust in Lauchsauce

4 Hühnerbrüste · 200 g weißer Lauch, fein gehackt
4 Schalotten, fein gehackt · 1/4 l trockener Weißwein · 1/4 l Hühnerbrühe
4 EL Schlagsahne · Butterschmalz · Salz und Pfeffer

Hühnerbrüste pfeffern und salzen.
In einer Bratpfanne das Fett erhitzen und die Hühnerbrüste bei mittlerer Hitze braten. Warm stellen.
Fein gehackte Schalotten und den Lauch in die Pfanne geben und andünsten. Mit Wein und Brühe ablöschen. Auf eine sirupartige Konsistenz einkochen lassen. Dann die Sahne zugeben und andicken lassen.

Hühnerbrüste in Scheiben schneiden und auf einer Servierplatte anrichten, mit der Sauce übergießen und mit Gemüsereis servieren.

Rabbit in Mustard Sauce

Hase in Senfsauce

4 Hasenkeulen · 3 Schalotten, fein gehackt · 250 g Mischpilze, geputzt, in Scheiben geschnitten · 2 Knoblauchzehen · ½ l trockener Weißwein · ¼ l süße Sahne 1 EL englischer Senf (ersatzweise Dijonsenf) · Butterschmalz · Salz, Pfeffer, Salbeiblättchen

Senf, 4 Eßlöffel Sahne, Salbei, Salz und Pfeffer verrühren. Die Hasenkeulen damit bestreichen und über Nacht marinieren.
In einer Deckelbratpfanne das Fett erhitzen. Die marinierten Hasenkeulen abtropfen lassen und schnell von allen Seiten goldbraun braten. Schalotten und durchgepreßten Knoblauch kurz mitbraten, dann mit dem Weißwein ablöschen und bei mittlerer Hitze ½ Stunde köcheln lassen. Hasenkeulen herausnehmen und warm stellen.
Sahne und Pilze zur Kochflüssigkeit geben und auf großer Flamme auf die Hälfte einkochen lassen. Den Rest der Marinade zur Sauce geben.
Zum Schluß die Hasenkeulen nochmals kurz in der Sauce erwärmen und mit Klößen oder Kartoffelpüree servieren.

Bread-and-Butter-Pudding

Brotauflauf

125 g weiche Butter · 12 dünne Scheiben Weißbrot · 200 g Rosinen · 5 Eier · ¾ l Milch ¼ l süße Sahne · 60 g Zucker · eine Prise Zimt · eine Prise Muskatnuß

Den Boden einer mittelgroßen Auflaufform mit weicher Butter auspinseln.

Die entrindeten Brotscheiben von beiden Seiten gut buttern. Den Boden der Form mit Brotscheiben auslegen. Rosinen mit Zimt bestäuben und die Hälfte davon auf die Brotscheiben geben. Eine zweite Schicht Brot darüberlegen, erneut mit Rosinen bestreuen und mit einer dritten Brotschicht abdecken.

Die Eier schaumig rühren. Milch, Sahne, Zucker und Muskat dazugeben, cremig rühren und über das Brot gießen.

Den Bread-and-Butter-Pudding ½ Stunde durchziehen lassen, bis die Brotscheiben die Flüssigkeit fast völlig aufgesogen haben.

Im auf 175 Grad vorgeheizten Backofen den Pudding abgedeckt etwa ½ Stunde backen lassen. Die Backfolie abnehmen und weitere 30 Minuten backen, bis die Oberfläche knusprig gebräunt ist.

Heiß mit einer Vanillesauce servieren.

Trifle

Himbeer-Sherry-Biskuit

Ein Stück Biskuitboden, ca. 300 g schwer · Himbeermarmelade · Sherry, medium dry · 1/4 l dickflüssige Vanillesauce, abgekühlt · 1/4 l süße Sahne, geschlagen und gezuckert · 200 g Himbeeren

Biskuit in Streifen schneiden. Den Boden einer kleinen Salatschüssel aus Glas mit der Hälfte des Biskuits auslegen und reichlich mit Sherry beträufeln. Die Himbeermarmelade darüberstreichen. Diesen Vorgang wiederholen und den Biskuit diesmal mit Sherry regelrecht durchtränken.

Einige schöne Himbeeren als Dekoration zurückbehalten, den Rest auf der Himbeermarmelade verteilen. Darüber die Vanillesauce geben und glattstreichen.

Mit drei Viertel der Schlagsahne abdecken und am besten über Nacht im Kühlschrank durchziehen lassen. Vor dem Servieren auf Zimmertemperatur bringen, mit der restlichen Sahne und den zurückbehaltenen Himbeeren garnieren.

Strawberry Variations

Erdbeer-Variationen

Grundrezept Erdbeerpüree

750 g Erdbeeren · 200 g Zucker

Die Erdbeeren putzen und in eine schwere Kasserolle geben. 30 Minuten unter Rühren auf schwacher Flamme zerkochen lassen. Dann den Zucker hinzugeben und weiterrühren, bis er sich gelöst hat. Die Fruchtmasse im Mixer oder mit dem Pürierstab glattschlagen und durch ein Sieb streichen.

Für die drei folgenden Rezepte benötigen Sie zusätzlich:

trockenen Sekt · 100 ml Madeira oder süßen Portwein (rot oder weiß)
2 Blatt Gelatine · ½ l geschlagene, leicht gesüßte Sahne

Strawberry Sorbet

Ein Drittel des Erdbeerpürees mit der gleichen Menge trockenem Sekt verrühren. In eine Schüssel füllen und mindestens 5 Stunden gefrieren lassen. Dabei die Sorbetmasse alle 30 Minuten mit einer Gabel oder dem Pürierstab durchschlagen.

Strawberry Cream

2 Blatt Gelatine in kaltem Wasser einweichen, ausdrücken und unter ein weiteres Drittel des noch warmen Erdbeerpürees rühren. 100 ml Madeira oder süßen Portwein gut unterziehen. Sobald das Erdbeerpüree zu gelieren beginnt, ¼ l steifgeschlagene, leicht gesüßte Sahne mit dem Schneebesen unterheben und die Erdbeercreme im Kühlschrank fest werden lassen.

Strawberry Fool

Unter ¼ l steifgeschlagene, leicht gezuckerte Sahne vorsichtig das übrige Drittel der Erdbeermasse unterheben, bis sich ein marmorierter Effekt ergibt.
Zum Anrichten die Strawberry Fool auf vier große Teller verteilen. Von der festen Strawberry Cream mit einem Löffel Nocken abstechen und auf die Strawberry Fool setzen. Eine Sorbetkugel daneben portionieren und die Teller mit frischen Erdbeeren ausgarnieren. Sofort servieren.

**Die mit einem Sternchen versehenen Pubs sind auf den vorhergehenden Seiten jeweils ausführlich in Bild und Text vorgestellt, die anderen mit einer Kurzbeschreibung.*

REZEPTE